차트를 알면 보이는
위클리 옵션

차트를 알면 보이는
위클리 옵션

지성환 지음

위클리 옵션은 유동성과 현물(주식) 보유자의 헤지를 위해 만들어진 단기 상품으로, 국내에서는 2019년 9월 23일에 처음 도입되어 거래되고 있습니다. 만기가 1개월마다 돌아오는 옵션은 먼슬리 옵션(Monthly option), 만기가 1주일마다 돌아오는 옵션은 위클리 옵션(Weekly option)으로 구분합니다. 따라서 두 옵션은 만기만 다를 뿐 이외의 것은 모두 동일합니다.

위클리 옵션은 시세의 변동이 급합니다. 심한 경우 몇 시간 만에 수백 배의 시세가 발생하기도 하고, 순식간에 반 토막이 나기도 합니다. 그 이유는 극히 작은 금액으로 주식에 대한 헤지를 하도록 설계되었기 때문입니다. 따라서 주식이나 선물을 보유하지 않은 상태에서 위클리 옵션을 거래할 경우, 극도의 투기 상품이 됩니다. 투기 상품은 투기답게 거래해야 합니다. 주식을 거래하는 방식으로 접근하면 실패를 반복하게 됩니다. 가격의 흐름이 비교할 수 없을 정도로 다르기 때문입니다.

위클리 옵션에서 중요한 것은 직관(Intuition)입니다. 비 오기 전 먹구름이 보이는 것처럼 위클리 옵션도 시세의 전조현상을 보여줄 때가 있습니다. 이때 이것을 캐치하고 실행하는 것이 절대적으로 필요합니다. 그래서 직관적인 사고방식이 필요합니다. 같은 현상을 보고 매매하더라도 손익은 모두 다릅니다. 정답이 없는 곳이지만 손익으로 보이지 않는 서열이 정해집니다.

이 책은 이론서가 아닙니다. 있는 현상을 그대로 나열한 일종의 연습장이나 통계에 가깝습니다. 하지만 수록된 많은 차트를 보고 나름의 로직이나 아이디어가 떠오른다면, 자체로 충분한 보상이 따릅니다. 위클리 옵션은 어떠한 금융상품보다 수익이 크기 때문입니다.

지성환

차 례

Weekly option

위클리 옵션의 시세

2장

Chapter **02** **장기시세**

3장 통계

Weekly option

1장

옵션 용어 및 내용

처음 접하는 입문자들이 필수적으로 알아야 할 내용들입니다. 몇 번 정독하면 이해가 가는 수준입니다.

1. 옵션의 정의와 종류

특정한 자산인 코스피200을 미리 정해진 계약 조건으로 사거나 팔 수 있는 권리를 의미합니다. 위클리 옵션은 살 수 있는 권리인 콜 옵션(Call option)과 팔 수 있는 권리인 풋 옵션(Put option)으로 구분됩니다.

2. 옵션 거래와 손익

옵션 거래는 주식과 달리 계약형태로 이루어집니다. 보험에 가입하더라도 모두 다 사고가 나지는 않습니다. 대부분 무사고로 만기를 맞게 됩니다. 이 경우 가입자는 자동차보험료만 손실을 본 것이고, 그 금액만큼 보험회사는 이익을 보게 됩니다. 그런데 자동차사고가 많아지면 보험으로 지불할 금액이 많아져 수익이 줄기도 하고, 어떤 때는 적자를 보기도 합니다. 이것이 옵션 매도자의 손실이 됩니다. 이처럼 옵션 매수와 옵션 매도는 대부분 매도가 유리하지만, 매수가 유리한 경우도 간혹 생깁니다. 따라서 유리한 조건에서 매수타이밍을 포착하는 것이 옵션 매수의 핵심입니다.

옵션 매수자 = 복권구입자, 보험가입 = 금전의 지급 = **권리발생**
옵션 매도자 = 복권사업자, 보험회사 = 금전의 수취 = **의무발생**

아파트 분양권은 콜 옵션의 일종입니다. 분양권을 사서 가격이 오르면 입주하지 않고 중간에 수익을 내고 팔 수 있는 것처럼 옵션도 가격이 오르면 중간에 팔아 수익을 챙길 수가 있습니다. 주식을 사서 파는 것과 동일하지만, 다른 점은 제로섬(Zero sum)입니다. 제로섬은 손익을 모두 더했을 때 손익의 합이 0이 되는 것입니다. 제로섬의 흔한 예는 고스톱입니다. a가 100원을 벌고, b가 50원을 잃었다면 c는 50원을 잃은 것입니다.

3. 위클리 옵션의 특징

① 만기가 짧아 시간가치가 급속히 감소되는 특징이 있습니다. 이를 이용해 레이쇼, 백스프레드, 양매도, 타임스프레드 등의 다양한 합성전략이 존재하지만, 여기서는 네이키드(Naked) 매수만 설명합니다. 이러한 전략들은 정밀성과 데이터를 필요로 하는 전략으로, 설명에 많은 시간과 지면이 필요합니다. 이 전략들은 인터넷

이나 본인의 저서인 《선물 옵션 투자 바이블》에 설명되어 있으니 참고하시기 바랍니다.

② 작은 금액으로 주식에 대한 헤지가 가능합니다.

포트폴리오로 100억 원의 주식을 보유했을 때 가장 큰 리스크는 시장의 폭락으로 10% 하락하면 10억 원의 손실을 보게 됩니다. 이때 10억 원의 손실을 회피하기 위해 선물로 헤지를 하려면 15억 원 정도의 헤지 금액이 필요하지만, 위클리 풋 옵션을 이용하면 1천만 원 정도면 헤지가 가능합니다.

4. 위클리 옵션 매수의 장단점

주식을 보유한 상태에서 위클리 옵션을 매수하는 것은 보험에 가입하는 것과 유사합니다. 자동차보험에 가입하고 사고 없이 만기를 맞이하면 좋은 일이지만, 보험료만큼은 손해를 봅니다. 그런데 자동차보험의 계약기간이 1주일이라 매주 갱신해야 한다면 어떻게 될까요? 매주 보험금이 나가야 합니다. 보험료가 아깝다는 생각이 들지만 가입을 안 할 수도 없습니다. 극히 작은 확률로 사고가 날 수 있기 때문입니다. 그래서 대부분 매수보다 매도가 유리합니다. 시간가치의 빠른 감소로 옵션 매도(보험회사)가 수익을 낸 확률이 높기 때문입니다.

다만 매수와 달리 많은 증거금이 단점입니다. 증거금은 일종의 보증금입니다. 당첨되면 1억 원을 지급하겠다는 복권을 1,000원 주고 살 경우 매수자는 꽝이 되더라도 1,000원이 손실의 전부입니다.

하지만 복권을 발행한 곳은 당첨에 대비해 1억 원의 보증금이 필요합니다. 또한 자동차보험을 들 때 사고가 나면 1억 원을 받기로 하고 보험회사와 계약을 맺을 경우, 가입자는 보험료를 납부하고 사고가 나면 1억 원을 받게 됩니다. 이에 대비해 보험회사는 1억 원의 준비금을 가지고 있어야 하는데, 이 준비금을 옵션에서는 '증거금'이라 합니다. 보험회사와 보험계약자는 각각 옵션 매도자와 옵션 매수자가 됩니다. 대부분 보험회사는 수익을 내지만, 간혹 사고가 많이 나면 손실을 볼 수도 있습니다. 이처럼 옵션 매수자와 매도자는 서로 손익이 발생하지만, 보험회사인 옵션 매도자가 손해를 보는 경우는 별로 없습니다.

구분	장점	단점
매수자	작은 금액으로 큰 수익 가능	손실 확률 높음.
매도자	수익 확률 높음.	증거금 대비 수익금이 작음.

5. 옵션의 가격

소수점 2자리까지 표시되는 포인트로 표기됩니다. 최소가격인 하한가는 0.01포인트고, 1틱은 0.01포인트입니다. 그리고 가격이 10.00포인트가 넘어가면 0.05포인트씩 움직입니다.

6. 거래승수

옵션의 가격이나 코스피200의 가치를 금액으로 환산하기 위해

곱해주는 숫자로, 거래소가 결정합니다. 현재 옵션이나 선물, 코스피200의 거래승수는 25만 원입니다. 예를 들어 옵션의 가격이 1.00 포인트일 때 이를 금액으로 환산하면 25만 원(1.00×25만 원)이 됩니다. 그리고 하한가인 0.01포인트는 2,500원(0.01×25만 원)입니다. 따라서 옵션의 하한가는 2,500원이고, 1틱이 오르면 5,000원으로 수익률은 더블이 됩니다.

7. 기초자산

자산의 사전적 의미는 경제적 가치가 있는 유·무형의 재산입니다. 자산은 시간에 따라 가치가 오르거나 내리는데, 이러한 특성이 선물이나 옵션을 만들 수 있는 기초가 됩니다. 금이나 부동산, 원유, 옥수수, 엔화, 달러, 금리, 주식, 코스피200, 비트코인 등 자산의 가치가 변화하는 모든 것은 그것을 기초자산으로 해서 파생상품을 만들 수가 있습니다. 코스피200 선물과 옵션의 기초자산은 코스피200입니다. 따라서 선물이나 옵션의 가격은 기초자산인 코스피200의 움직임에 따라 변동됩니다.

8. 행사가(권리를 구분해 세분화시켜 놓은 것)

권리를 행사할 수 있는 가격입니다. 권리는 좋은 권리와 덜 좋은 권리로 구분할 수 있습니다. 예를 들어 하나의 아파트가 있는데 그 아파트를 1억 원에 살 수 있는 권리와 5억 원에 살 수 있는 권리가 있다면, 1억 원에 살 수 있는 권리는 5억 원에 살 수 있는 권리보다 유리한 권리입니다. 그렇다면 1억 원에 입주할 수 있는 분양권은 5억 원에 입주할 수 있는 분양권보다 비싸게 거래될 것입니다. 그리고 권리를 1억 원, 2억 원, 3억 원에 입주할 수 있는 권리 등으로 나눌 수가 있습니다. 이처럼 권리를 구분해 세분화시켜 놓은 것을 '행사가'라고 합니다. 거래소는 코스피200 옵션을 2.50포인트 단위로 나누어 행사가를 구분하고 있습니다(항목 14의 옵션 테이블 참조).

옵션 거래의 손익계산

문) 콜250을 1포인트에 샀는데, 만기에 코스피2000이 255.00으로 마감하면 어떻게 되나요?

답) 콜250은 만기에 코스피200을 250에 살 수 있는 권리입니다. 255짜리를 250에 살 수 있으니 5포인트가 결제됩니다. 하지만 1포인트를 주고 샀으니 총 4포인트의 수익이 발생합니다. 금액으로 환산하면 100만 원(4.00×25만 원)의 수익입니다.

문) 콜250을 1포인트에 샀는데, 현재가격이 1.20이 되었습니다. 그런데 꼭 만기까지 가야 되나요?

답) 만기까지 갈 수도 있지만, 주식처럼 수익이 나면 팔 수도 있습니다. 현재가격인 1.20에 팔면 0.20포인트의 수익이 발생하는데, 금액으로 5만 원(0.20×25만 원)이 수익입니다.

---

9. 옵션의 구분

① 등가격 옵션(ATM, At the money)

옵션의 행사가는 2.50포인트마다 구분되어 있고, 행사가별로 콜 옵션과 풋 옵션이 있습니다. 예를 들면 콜250, 풋250, 콜252.5, 풋252.5, 콜255, 풋255 등입니다. 이때 코스피200에 가장 근접한 행사가의 옵션을 '등가격 옵션(이하 등가)'이라고 합니다. 현재 코스피200이 249.00이라면 249에 가장 근접한 행사가는 250으로, 250을 등가의 옵션이라 합니다. 따라서 등가격 옵션은 콜250과 풋250이 됩니다. 등가격 옵션은 시간가치가 가장 큰 옵션입니다.

② 내가격 옵션(ITM, In the money)

내재가치를 지닌 옵션을 '내가격 옵션'이라고 합니다. 내가격 옵션은 등가격 옵션보다 좋은 권리입니다. 좋은 권리는 상대적으로 가격이 비쌀 것입니다. 시세가 5억 원인 아파트가 있는데, 3억 원에 입주할 수 있는 분양권과 5억 원에 입주할 수 있는 분양권이 거래된다면, 3억 원에 입주할 수 있는 분양권의 가격은 5억 원에 입주할 수 있는 분양권의 가격보다 높을 것입니다. 시세가 5억 원인 아파트를 3억 원에 입주할 수 있으니, 분양권은 최소한 2억 원의 가치를 가지고 있는 것입니다. 이것이 내재가치입니다.

콜 옵션은 살 수 있는 권리입니다. 콜250은 250에 살 수 있는 권리, 콜247은 247.5에 살 수 있는 권리입니다. 숫자가 낮을수록 싸게 살 수 있는 권리니까 좋은 권리가 됩니다. 그래서 등가의 행사가보다 낮은 행사가가 내가격 옵션이 됩니다. 예를 들어 콜250이 등가라면 콜247.5(이하 편의상 콜247로 합니다.)는 1내가, 콜245는 2내가, 콜242는 3내가, 콜240은 4내가가 됩니다.

풋 옵션은 팔 수 있는 권리입니다. 그래서 같은 물건이라도 보다 비싸게 팔 수 있는 권리는 가치가 높아질 것입니다. 예를 들어 5억 원짜리 아파트를 7억 원에 팔 수 있는 권리와 5억 원에 팔 수 있는 권리가 있다면, 7억 원에 팔 수 있는 권리는 2억 원의 순수한 가치를 가지게 됩니다. 이것이 풋 옵션의 내재가치입니다. 그래서 풋 옵션은 등가의 행사가보다 높은 행사가가 내가격 옵션이 됩니다. 풋 250이 등가라면 풋252.5(이하 풋252라 합니다.)는 1내가, 풋255는 2내가, 풋257은 3내가, 풋260은 4내가로 2.5포인트마다 구분합니다.

③ 외가격 옵션(OTM, Out of the money)

시간가치만을 지닌 옵션입니다. 시세가 5억 원인 아파트를 5억 원에 입주할 수 있는 권리와 7억 원에 입주할 수 있는 권리가 있다면, 7억 원에 입주할 수 있는 권리는 상당히 불리할 것입니다. 따라서 거래되는 가격은 상당히 낮을 것입니다. 이 권리를 사서 수익을 보려면 아파트 가격이 2억 원 이상 올라야 할 것입니다. 이처럼 내재가치는 없고, 가능성만 가진 옵션을 '외가격 옵션'이라고 합니다. 이러한 외가격 옵션도 다시 구분이 가능합니다. 7억 원에 입주할 수 있는 권리나 10억 원에 입주할 수 있는 권리 등으로요. 이 둘을 비교하면 7억 원에 입주할 수 있는 권리는 10억 원에 입주할 수 있는 권리보다는 유리한 권리로 가격은 더 비쌀 것입니다. 이처럼 외가격 옵션의 가격은 가능성에 의해 가격이 정해지게 됩니다. 콜250이 등가라면 콜252는 1외가, 콜255는 2외가 등으로 구분하고, 풋250이 등가라면 풋247이 1외가, 풋245는 2외가 등으로 구분됩니다.

10. 시간가치

1년 후 완공되는 아파트가 있습니다. 현재 주변에 평수나 구조가 동일한 규모의 아파트 시세는 5억 원입니다. 그런데 6억 원에 입주할 수 있는 분양권이 100만 원에 거래되고 있다면, 분양권은 오로지 가격이 오를 가능성 때문에 형성된 가격인 프리미엄(이하 프리)입니다. 그런데 프리가 오를 가능성은 대부분 시간과 연관되어 있습니다. 즉, 현재 거래되는 프리인 100만 원은 내재가치가 전혀 없이 시간가치만 있는 것입니다. 시간이 흘러 입주일이 1주 앞으로 다가왔는데도 주변의 아파트 시세는 여전히 5억 원이라면 100만 원에 거래되었던 분양권 프리는 어떻게 되었을까요? 1만 원에 내놓아도 아무도 사지 않을 것입니다. 이처럼 시간가치는 시간이 지날수록 감소하는데, 이를 '시간가치 감소(Time decay)'라고 합니다. 시간가치는 만기가 길수록 크고, 만기가 다가올수록 작아집니다.

11. 등가 옵션의 합(이하 등합)과 의미

등가의 행사가가 260이라면 콜260의 가격과 풋260의 가격을 더한 값을 '등합'이라고 합니다. 그리고 같은 행사가의 콜 옵션 가격과 풋 옵션 가격을 더한 값을 '양합(양 옵션의 합)'이라고 합니다. 등합은 양합이 가장 작은 것이 특징입니다.

1) 만기까지 움직일 수 있는 대략적인 진폭입니다

예를 들어 현재 등합이 15.00이고 코스피200이 250.00이라면, 만기까지 235.00~265.00 사이에서 움직일 확률이 높다는 것입니다. 합성전략의 베이스가 됩니다.

2) 현재의 변동성을 의미합니다

변동성은 가격보다 후행합니다. 시장 참여자들이 옵션의 가격을 만들면, 그 가격을 역으로 계산해 변동성지수를 만들기 때문입니다. 하지만 중요한 것은 현재의 변동성입니다. 옵션 거래에서 후행인 v-kospi보다는 등합이 유용합니다.

3) 등합은 매일 감소하는 것이 정상입니다

하지만 이러한 프로세스를 벗어나는 일이 자주 발생한다면 옵션 매수자에게는 기회입니다. 큰 시세를 암시하는 신호입니다. 옵션 매도자는 극도로 경계해야 할 신호입니다.

① 〈표 1〉 2008년 리먼 사태의 등합과 2011년 8월 미 신용등급 강등 시의 등합 비교

변동성이 늘어나기 전에 먼저 반응하는 것이 등합의 증가입니다. 일반적으로 전일보다 등합이 늘어나는 현상이 자주 발생하면 일단 폭락을 의심해야 합니다. 표에서 붉은색 숫자가 많이 보입니다. 특히 만기가 다가온 상태에서 등합이 증가하면 그것은 큰 폭락이 올 것이라는 신호입니다. 표에서 2011년 8월물에서 만기 전 주부터 3일 연속 등합이 늘어난 후에 풋 옵션 막내에서 1,300배가 넘는 시세가 발생했습니다.

구분	2008년 등합			2011년 등합		
	10월 물	11월 물	12월 물	8월 물	9월 물	10월 물
D-24		26.50				
D-23		23.10				
D-22		19.55				
D-21		19.50				20.65
D-20		26.10				22.60
D-19		27.45	22.75	12.15		20.55
D-18		22.15	22.30	12.05	19.35	18.25
D-17	12.05	18.05	20.05	11.45	13.65	19.05
D-16	14.85	17.75	20.50	10.75	13.90	18.70
D-15	12.95	19.70	20.75	10.10	15.05	17.45
D-14	14.10	17.90	19.60	8.95	20.10	18.60
D-13	14.05	17.95	18.10	9.55	16.50	20.70
D-12	12.15	15.80	16.20	9.00	14.30	18.60
D-11	11.90	17.45	14.15	8.85	15.15	17.80
D-10	12.10	20.20	12.60	8.95	15.45	16.95
D-9	11.10	19.85	11.95	9.35	14.85	16.25
D-8	10.70	15.80	10.95	7.65	11.65	14.45
D-7	9.05	12.65	10.10	8.15	9.90	14.00
D-6	8.65	10.85	9.10	7.30	8.45	13.30
D-5	7.55	11.75	8.80	7.15	8.75	11.15
D-4	7.80	10.25	7.90	**9.15**	7.90	9.45
D-3	6.15	8.85	6.90	**9.60**	8.45	8.55
D-2	5.65	7.10	5.79	**13.10**	8.50	5.94
D-1	5.12	5.90	4.59	7.40	5.60	4.18
D-0	2.50	2.54	1.97	2.27	1.59	2.34

② 〈표 2〉 2020년 등합

정상적인 범주를 넘어선 흐름이 2월 물과 3월 물에서 발생했습니다. 2월 물에서는 무려 4일 동안, 3월 물에서는 3일 동안 등합이 증가하는 현상이 발생했습니다. 이때의 날짜와 선물지수가 얼마만큼 변동했는지를 다음의 표에서 설명합니다.

구분	2020년 등합					
	1월물	2월물	3월물	4월물	5월물	6월물
D-24						
D-23						
D-22		8.78				
D-21		8.93				
D-20		8.90			18.76	
D-19		8.66	10.54	30.25	19.67	12.67
D-18		8.67	10.21	33.35	17.49	12.40
D-17		8.59	10.46	31.35	16.62	11.52
D-16	7.89	8.18	10.44	29.15	15.14	11.41
D-15	7.81	8.21	10.02	30.00	14.95	10.76
D-14	7.84	8.34	10.44	24.50	15.81	11.38
D-13	7.77	8.64	12.11	23.90	15.68	10.06
D-12	7.63	9.22	11.07	21.10	14.70	9.32
D-11	7.18	8.00	12.02	20.35	14.93	9.41
D-10	7.15	8.28	12.53	21.24	13.00	9.67
D-9	6.58	8.25	15.87	20.57	11.39	9.37
D-8	6.84	8.00	13.82	19.37	10.67	8.75
D-7	5.57	7.46	11.54	15.15	11.15	8.37
D-6	5.45	7.00	9.82	14.75	8.72	8.99
D-5	5.19	6.47	7.67	12.89	7.74	9.03
D-4	5.18	5.68	8.87	11.39	6.54	8.42
D-3	4.23	5.36	10.46	9.08	5.58	7.53
D-2	3.52	4.30	8.10	7.01	4.89	6.20
D-1	2.82	3.22	5.85	5.52	3.34	4.60
D-0	1.70	0.98	2.47	1.20	0.73	1.97

③ 〈표 2-1〉

2월 물에서 등합이 4일간 증가하면서 선물이 급락하고, 풋 옵션에서 큰 시세가 발생했습니다(2020. 01. 24 금~2020. 01. 27 월 구정연휴).

일자	등합	4외가합	선물지수	전일 대비 등락
2020. 01. 21 화	8.21	1.97	302.00	−4.35
2020. 01. 22 수	8.34	1.99	306.75	+4.75
2020. 01. 23 목	8.64	2.16	302.85	−3.90
2020. 01. 28 화	9.22	2.67	293.00	−9.85

④ 〈표 2-2〉

3월 물에서 등합이 3일간 증가하면서 선물이 284.70~267.85까지 16.85포인트의 급락이 발생했습니다.

일자	등합	4외가합	선물지수	전일 대비 등락
2020. 02. 25 화	11.07	4.11	284.70	+3.45
2020. 02. 26 수	12.02	4.74	280.00	−4.70
2020. 02. 27 목	12.53	5.13	277.75	−2.25
2020. 02. 28 금	15.87	7.79	267.85	−9.90

12. 변동성(Volatility)

지수가 안정적일 때는 별 영향력이 없지만, 시장이 불안해질 때 옵션의 가격에 엄청난 영향력을 미치기 때문에 옵션의 꽃이라고 합니다. 영어 철자의 앞부분인 Vol을 떼어 '볼'이라고도 표현합니다. 실거래에서는 변동성보다는 등합을 이용하는 것이 편리해 더 이상의 설명은 생략합니다.

13. 민감도지표(Greeks)

옵션에는 주식에 없는 전용지표가 있는데, 옵션의 가격에 민감한 영향을 미치기 때문에 '민감도지표'라고 합니다. 또는 그리스 문자로 표기해 '그릭스(Greeks)'라고도 합니다.

1) 델타(Delta)

① 코스피200이 1포인트 움직일 때 옵션 가격의 변화를 나타내는 방향성 지표입니다. 예를 들어 델타가 0.40인 2.00포인트의 콜 옵션은 코스피200이 1포인트 상승하면 가격이 2.40포인트가 된다는 것입니다.

② 등가의 델타는 지수의 위치에 상관없이 0.5 부근입니다. 이것은 결제될 확률이 50%라는 것입니다. 따라서 각 행사가의 델타는 결제될 확률을 의미합니다.

③ 콜 옵션 매수의 델타는 양으로 올라야 수익이 발생합니다. 그리고 풋 옵션 매수의 델타는 음으로 하락을 해야 수익이 나게 됩니다.

2) 감마(Gamma)

① 코스피200이 1포인트 움직일 때 델타의 변화를 나타내는 방향성 지표입니다. 예를 들어 델타가 0.40이고, 감마가 0.05인 콜 옵션은 코스피200이 1포인트 상승하면 델타가 0.45로 바뀌는 것을 말합니다.

② 감마의 값은 등가에서 가장 큽니다. 그리고 내가나 외가로 갈수록 대칭적으로 작아져 종 모양의 모습입니다.

③ 감마의 값은 만기가 다가올수록 등가의 감마값이 급격하게 커지고, 내가나 외가로 갈수록 값이 작아져 기울기가 급한 종 모양의 모습을 하게 됩니다. 그래서 만기가 다가올수록 점차 등가에 가까운 옵션을 매수하는 것이 감마효과를 극대화 할 수 있습니다.

④ 옵션 매수의 감마값은 양수이고, 옵션 매도의 감마값은 음수로 표시됩니다.

⑤ 감마효과 - 델타가 0.40이고, 감마가 0.05인 2.00포인트의 콜 옵션을 매수했을 때 코스피200이 1포인트 상승하면 가격이 2.40포인트가 된다고 했는데, 실제 거래에서는 감마값이 실시간으로 바뀌어 2.40포인트보다 더 높은 가격이 됩니다. 즉, 지수가 한 방향으로 추세가 나오면 델타의 값이 점점 커져 수익이 더 크게 발생하는 현상을 '감마효과'라고 합니다. 감마효과는 매수자에게 유리하고, 매도자에게는 불리합니다.

3) 쎄타(Theta)

① 하루 동안 시간가치가 얼마나 감소하는지를 알려주는 시간지

표입니다. 옵션의 매수는 음수, 매도는 양수로 표현됩니다. 예를 들어 쎄타값이 0.20인 2.00포인트의 옵션을 매수했다면 코스피200지수가 횡보만 해도 다음 날 옵션의 가격은 쎄타값인 0.20만큼 하락해 가격이 1.80포인트가 된다는 것입니다. 이 쎄타 때문에 매도가 매수보다 유리한 것입니다.

② 시간가치는 매일 감소해 만기에 0으로 수렴해 매수자에게는 매우 불리하게 작용하며, 매도자에게는 우호적으로 작용합니다.

③ 시간가치는 등가에서 가장 큰 값을 지닙니다.

4) 베가(Vega)

① 변동성이 1% 변화할 때 옵션 가격의 변화를 나타내는 변동성 지표입니다. 예를 들어 코스피200이 횡보하고, 다른 조건의 변화가 없는데도 변동성이 0.20에서 0.21로 증가했다면 5%의 변동성이 증가한 것입니다. 이때 베가값이 0.02이고, 가격이 1.00포인트라면 지수가 횡보해도 옵션의 가격은 1.10포인트로 0.10(0.02×5)포인트의 가격이 오르게 됩니다. 조만간 큰 폭의 하락이 발생하기 전에 자주 나타나는 것이, 주가지수는 제자리인데도 변동성인 등합이 늘어나는 현상입니다.

② 베가값은 양수와 음수가 있는데, 매수자의 베가값은 양수, 매도자의 베가값은 음수가 됩니다.

③ 베가는 만기가 길수록 값이 크고, 만기가 다가올수록 작아집니다(감마와는 반대입니다). 하지만 감마처럼 등가의 베가값이 가장 큰 종 모양입니다.

14. 옵션 테이블(Option table)

옵션에 관한 여러 가지 정보를 알려주는 표입니다. 주행 중 운전석의 계기판이 자동차의 상태를 알려주는 것과 유사합니다.

1) 옵션 테이블 설명 ❶

① 1번의 W는 위클리 옵션을 표시하고, 6M4W는 6월 달의 4주차를 표시한 것입니다. 즉, 40주 차 위클리 옵션에 관한 것입니다.

② 2번은 코스피200과 선물지수를 표시한 것입니다. 현재 코스피200의 값은 283.37로 행사가 282.5(이하282)와 285 사이의 값입니다. 이럴 경우 283.37에 가까운 행사가가 등가가 됩니다. 그래서 282가 등가입니다.

③ 휴일을 포함해 만기까지 남아 있는 일수를 표시한 것입니다.

④ 5개의 버튼 중 옵션의 민감도에 관한 정보를 보기 위한 옵션 테이블입니다.

⑤ 각 행사가별로 민감도의 값을 표시하고 있습니다.

⑥ 등가인 282의 가격과 전일 대비 하락폭, 민감도의 값을 표시하고 있습니다.

⑦ 행사가가 2.5포인트 단위로 나뉘어져 있고, 각 행사가를 종합주가지수로 환산한 값을 표시하고 있습니다. 2.5포인트는 종지로 20포인트 정도입니다. 많이 사용되니 반드시 외워두시길 바랍니다. 종지 100포인트는 선물로 약 12.5포인트입니다.

2) 옵션 테이블 설명 ❷

① 1번의 IV는 내재 변동성을 표시한 것입니다.

② 미결제는 옵션을 거래한 후 청산하지 않고 보유한 계약 수를 의미합니다. 그리고 미결 대비는 미결제 약정이 전일에 비해 증가했는지, 감소했는지를 비교한 것입니다.

③ 거래량은 총거래된 계약 수를 표시한 항목입니다.

④ 현재가는 5개의 버튼 중 하나이며, 매수와 매도의 호가를 표시해줍니다.

⑤ 등가의 콜 옵션 가격과 풋 옵션 가격을 표시한 항목입니다.

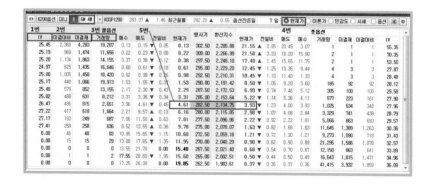

3) 옵션 테이블 설명 ❸

① 1번은 옵션의 시가, 고가, 저가를 표시해준 항목입니다. 등가인 콜282의 고가는 7.21, 저가는 2.86으로, 가격의 변동이 4.35포 인트나 됩니다. 이를 금액으로 환산하면 가격 폭이 1,087,500 원(4.35×25만)으로 상당히 큰 것을 알 수 있습니다.

② 등락율은 전일 대비 수익률을 의미합니다. 예를 들어 전일 종 가로 콜302를 매수해 당일의 종가까지 보유했다면, 27.78%의 손실을 보았다는 것을 의미합니다.

③ 전일 비는 전일에 비해 상승이나 하락폭을 표시한 항목입니 다. 콜302는 전일 0.18에서 0.13으로 0.05 하락했습니다. 즉, 5 틱이 하락한 것을 표시한 것입니다.

④ 옵션의 시세에 관한 정보를 보여주는 옵션 테이블입니다.

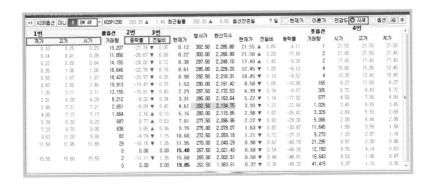

15. 베이시스(Basis)

선물지수에서 코스피200을 뺀 값을 말합니다. 항상 기준은 선물 입니다.

1) 콘탱고(Contango)

베이시스의 값이 양수일 때 '콘탱고'라고 하며, 정상 시장이라고 합니다. 양수의 값이 클수록 장은 상승할 확률이 높습니다.

2) 백워데이션(Backwardation)

베이시스의 값이 음수일 때 '백워데이션'이라고 하며, 비정상 시장, 또는 역조 시장이라고 합니다. 음수의 값이 클수록 시장 참여자들은 시장을 비관적으로 보고 있다는 신호로 해석합니다.

16. 선물의 미결제 약정(Open interest)

선물 시장에 참가하는 투자자가 선물을 사거나 판 뒤 이를 청산하지 않고, 가지고 있는 선물계약을 의미합니다. 말 그대로 결제되지 않고 남아 있는 계약입니다. 선물 거래에서 투자 주체별로 어떤 포지션을 취하고 있는지가 시장의 흐름을 좌우하는 경우가 있습니다. 외국인이 대규모 선물매수포지션을 취하고 있다면, 주가가 상승할 확률이 높아집니다. 반대일 경우 주가가 하락할 확률이 높아집니다. 하지만 확률이 높을 뿐이지 반드시 그렇지는 않습니다. 외국인이나 기관의 선물 포지션은 현물과 옵션 거래와 연계된 경우가 많기 때문에 종합적으로 해석을 해야 합니다.

17. 미결제 약정의 교과서적 해석

추세가 진행될 때는 선물의 미결제 약정은 증가하고, 단기 변곡이 발생하기 시작하면 미결제 약정이 줄어드는 경향이 있습니다. 예를 들어 선물이 상승하고 있을 때 미결제 약정이 지속적으로 늘어나고 있다면, 섣불리 선물의 고점을 예단해서는 낭패를 볼 수가 있습니다. 미결제 약정의 증가가 멈추거나 줄어들 때 진입하는 것이 보다 나은 방식입니다.

18. 옵션의 미결제 약정

옵션을 매수할 때는 별도의 증거금이 필요 없습니다. 권리만을 가지고 있기 때문입니다. 이것은 복권을 구입하는 것과 동일합니다. 복권을 살 때 지불한 돈 이상의 금액이 필요 없습니다. 복권이 맞으면 복권 당첨금을 달라고 권리행사하면 되는 것이고, 꽝이 되면 복권 쪼가리를 버리면 그만입니다. 하지만 복권을 발행한 곳은 입장이 다릅니다. 복권이 당첨될 경우를 대비해 준비금이 필요하기 때문입니다. 마찬가지로 옵션에서도 옵션의 매도자는 증거금을 납부해야 하는데, 이 증거금이 상당히 큰 금액입니다. 약 25만 원(1.00포인트)인 옵션을 매도하기 위해 필요한 증거금이 1,000만 원 정도입니다. 그런데 대부분의 개미들은 자금력이 약해 옵션 매도가 쉽지 않습니다. 그래서 옵션 매도는 대부분 외인이나 기관들의 몫이 됩니다.

중요한 사실은 장이 안정적일 때 옵션의 미결이 증가하는 경향이 있습니다. 개미들은 열심히 매수하고, 메이저들은 열심히 매도를 해대니 미결이 증가하는 것입니다. 그런데 장이 큰 시세가 나왔거나, 변곡을 앞둔 상태에서는 다른 현상이 발생합니다. 옵션의 미결이 감소하는 것입니다. 이 현상은 메이저들이 매도했던 옵션을 청산하고 있다는 것입니다. 시간만 지나면 시간가치 감소로 수익이 날 텐데 왜 메이저들은 청산을 하는 것일까요? 이들은 정보력이 뛰어납니다. 어떤 큰 추세가 나올 것 같으면 매도했던 옵션을 빨리 청산하는 것이 이익일 것입니다. 그래서 옵션의 미결이 증가하면 장을 안정적으로 판단하고, 옵션 미결이 감소하면 조심해야 합니다. 이러한 해석은 선물의 미결과는 반대 상황이 됩니다.

19. 선물의 당 차월 스프레드

선물의 만기가 다가오면 차월 물 선물의 거래가 활발해집니다. 이때 당월 물 선물과 차월 물 선물의 가격차를 '당 차월 스프레드'라고 합니다. 항상 기준은 차월 물이 됩니다. 예를 들어 만기 주에 당월 물의 선물이 285.00이고, 차월 물 선물이 285.60이라면 당 차월 스프레드는 +0.60이 됩니다. 이때 스프레드가 양수이면 콘탱고라 하며, 시장을 안정적으로 보는 편입니다. 그런데 스프레드가 음수인 백워데이션을 유지하거나 백워데이션이 더 커지는 경우 상당히 조심해야 합니다. 항상 그런 것은 아니지만, 폭락이 나올 확률이 높기 때문입니다.

① 2018년 6월 14일 만기일, 당 차월 스프레드는 백워데이션을 유지하다가 점차 백워데이션이 악화되어 스프레드는 -0.55로 마감되었습니다. 이후 9월 물 선물은 311.10에서 7월 5일 목요일까지 290.20까지 20.90포인트의 폭락을 보였습니다.

② 2020년 3월 12일 만기일, 당 차월 스프레드는 -1.80으로 마감했습니다. 이후 6월 물 선물은 243.80에서 3월 19일 목요일까지 단 5일 만에 194.70까지 49.10포인트의 폭락을 보였습니다.

20. 풋콜패리티(Put call parity)

결론부터 말하면, 콜 옵션과 풋 옵션의 시간가치는 비례관계임을 설명하는 것입니다. 금리에 관한 것은 생략하고 설명합니다. 이 내용은 패스해도 좋습니다.

모든 조건이 동일하다고 하면, 선물이 오를 확률과 내릴 확률은 같습니다. 그래서 풋과 콜의 프리는 동일해야 합니다.

$c = p$

콜의 가격은 선물이 오르면 상승하고 풋은 행사가가 커지면 가격이 커지는 비례관계입니다. 이를 수식으로 표시하면

$x + c = f + p$이고, 이를 정리하면

$f = x + c - p$가 됩니다.

f : 코스피200 또는 선물
x : 행사가
c : 콜가격
p : 풋가격

만기 당일을 제외하고는 대부분 선물을 따라가는 경향을 보이기 때문에 f는 선물로 봐도 무방합니다. x인 행사가는 정해지면 상수이기에 f와 c-p는 비례관계가 됩니다. 이 그래프는 y=ax+b라는 그래프와 동일한 형태입니다.

f가 1포인트 상승한다면 앞의 식에서 c-p가 1포인트만 상승하면 됩니다.

c-p가 1포인트 상승하려면 여러 경우가 생기는데

c가 1포인트 상승하면 1=1-(0), p는 0만큼 하락합니다. 즉, 풋은 보합인 것입니다.

c가 0.5 상승한다면 p는 1=0.5-(-0.5)이므로 0.5만큼 하락하면 됩니다. 흔히 발생하는 상황으로 콜은 오르고, 풋은 하락해 시소게임처럼 보입니다.

c가 제자리인 보합이면 1=0-(-1), 풋은 1만큼 하락합니다.

c가 -0.5만큼 하락한다면 1=-0.5-(-1.5), 1.5 하락합니다. 만기가 다가와 프리를 죽일 때 나타나는 현상입니다.

여기서 중요한 것은 장을 상승으로 보고, 콜 옵션 매수나 풋 옵션 매도를 한다면 어느 것이 유리한지를 판단할 수 있습니다. 장은 상승하는데 풋 옵션이 전저점을 맥없이 깬다면, 콜은 강보합이거나 하락하는 경우가 종종 생깁니다. 그럴 때는 풋 옵션 매도가 답입니다.

반대로 하락할 때도 마찬가지입니다.

f가 1만큼 하락하면 -1=c-p에서

*c*가 -1이면 -1=-1-0, p는 0으로 보합입니다.

*c*가 -0.5이면 -1= -0.5-(0.5), p는 0.5 상승으로 우리가 흔히 보는 상황입니다.

*c*가 0으로 보합이면 -1=0-(1), p는 1 상승입니다.

*c*가 0.5로 상승하면 -1=0.5-(1.5), p는 1.5 상승입니다. 이러한 장은 변동성이 폭발하는 장이 됩니다. 폭락을 할 때 콜 옵션이 강한 하방경직을 보이고, 풋은 날아가는 모습이 반드시 나타납니다. 양 매도에서 손실이 커지는 구간입니다.

가끔 앞의 식이 성립되지 않을 때 무위험 차익거래자들이 계약을 성사시켜 무위험으로 차익을 챙기게 됩니다. 따라서 동일한 행사가의 콜 옵션과 풋 옵션의 시간가치는 반비례관계가 아니라 비례관계입니다.

21. 옵션 매매에 관한 팁

① 옵션 매수는 태생 자체가 투기적이고 비합리적인 게임으로, 합리적인 사고방식이 오히려 매매를 망칩니다. 베팅한 금액을 회수 가능한 원금에 포함시키는 순간부터 손실이 나거나, 수익이 나더라도 모두 평정심을 잃게 됩니다. 카지노에서 게임을 할 때 칩을 돈으로 생각하면 평정심을 잃어 결국 지는 것과 같습니다. 이를 극복하기 위해서는 처음부터 옵션 매수 금액을 전액 손실처리 하는 것이 좋습니다.

옵션 매수자 대부분은 약간의 수익이 발생하면 청산하고 다시 진입하지만 결국은 실패합니다. 단타거래이기 때문입니다. 옵션은 때에 따라 수백 배의 수익이 발생하는 상품으로 큰 시세가 발생할 때 시세를 반드시 취해야 합니다. 하지만 단타거래에 익숙해지면 시세가 나기 전에 이미 청산해버린 상태이고, 자신이 매도한 금액보다 가격이 계속 오르면 매수를 못하게 되어(인간의 본능) 큰 수익은 남의 일이 됩니다. 또한 자신이 원하는 가격까지 내려와서 체결되면 추세가 바뀌어 손실이 날 확률이 더 높습니다. 이처럼 작은 수익에 익숙해질 바에는 옵션 매도로 나서는 것이 좋습니다. 옵션 매도는 승률이 높은 상태로 작은 수익을 모아가는 방식이기 때문입니다. 매수는 승률이 낮은 편이지만 시세가 날 때 큰 시세가 발생합니다. 따라서 매수자는 매도자와는 반대로 조금씩 손실을 보다 한 방에 큰 수익을 내겠다는 자세로 거래를 해야 합니다.

② 옵션 매수에서 행사가 선정이 가장 중요합니다.

외가격 옵션의 가격은 모두가 시간가치입니다. 시간가치가 많을수록 매도가 유리합니다. 흔히들 만기가 다가올수록 등가나 등가에 가까운 옵션을 매수하는 경우가 많은데, 일견 합리적으로 보이지만 다음과 같은 이유로 불리합니다. 큰 방향이 나와 방향을 맞출 경우 절대적인 수익은 크지만, 외가에 비해 수익률이 크게 낮아집니다. 같은 금액을 투자했을 때 가성비가 낮아진다는 의미입니다. 그리고 방향이 틀릴 경우 손실은 더욱 커집니다. 시간가치가 극 외가에 비해 더 크기 때문입니다. 만기까지 몇 시간밖에 없어도 1~3 외가인 옵션은 고점과 저점을 동일한 시간에 찍는 경우가 대부분입니다. 그런데도 등가나 1외가가 결제될 확률이 높다고 판단해 매수하는데, 큰 시세가 나올 때는 절대적으로 잘못된 선택입니다.

③ 손실은 매매의 한 과정일 뿐입니다.

옵션 매수에서 손실은 아주 당연합니다. 조금씩 잃다 한번에 복구하는 것이 옵션 매수입니다. 야구에서 10할 타자는 불가능한 것처럼 옵션 매수도 매번 수익을 내는 것은 불가능합니다. 하지만 개미들은 매번 수익을 내려는 욕심 때문에 실패합니다. 손실은 매매의 한 과정일 뿐입니다.

④ 옵션 매수의 대박은 예상 못한 구간에서 나옵니다.

사람들의 집단정서와 사고방식은 비슷합니다. 이 부분 때문에 큰 시세가 나올 때 손가락만 빠는 경우가 많습니다. 누구도 가망 없다고 생각할 때 옵션의 시세가 터집니다. 시장이 미치면 같이 미쳐야 합니다.

⑤ 옵션의 시세는 나비처럼 왔다가 벌처럼 사라집니다.

옵션의 매도자는 옵션을 더 비싼 가격에 매도하려고 장 초반 관망을 합니다. 그래서 장 초반에 비이성적인 수급으로 시세가 발생합니다. 이때 옵션의 시세는 나비처럼 왔다가 벌처럼 사라지는 경우가 많습니다. 그리고 만기일 마감을 앞두고도 간혹 벌어집니다. 만기만을 바라고 들어오는 투기 매수 때문입니다. 이들은 만기를 몇 분 앞두고 옵션을 공격적으로 매수해 순간적인 시세를 만들고 빠져나갑니다. 그리고 만기 동시호가 직전에 투기 세력이 들어오는 것도 한몫을 합니다. 실제 10분간의 결제싸움에서 가끔 시세가 나오기 때문입니다.

⑥ 소문난 잔치 먹을 것 없습니다.

만기일 이전에 장이 요동을 쳐서 프리의 수준이 터무니없이 높게 형성되었을 경우, 프리를 챙기려는 메이저들의 합의로 인해 만기일은 조용하게 넘어가는 경우가 많습니다. 이런 만기는 개미들의 무덤이 됩니다.

⑦ 옵션의 매수는 아주 싸게 사서 비싸게 파는 전략이 기본입니다.

옵션의 대박은 0.10 미만에서 발생합니다. 2.00짜리가 더블인 4.00으로 오르기는 어렵습니다. 하지만 가격이 0.01인 옵션은 1틱만 움직여도 더블이고, 10틱이 움직이면 10배이며, 1.00까지 가면 99배의 시세가 됩니다. 실제 자주 나오는 시세입니다. 하한가인 0.01은 잃어봤자 1틱입니다. 두려울 것 없는 배수의 진입니다.

⑧ 풋 옵션의 대박은 대부분 만기일에 터집니다. 수요일은 가끔 나옵니다. 금요일과 월요일은 10배 이상의 시세는 나온 적이 없습니다. 하지만 콜 옵션의 시세는 정해지지 않고 나오는 편입니다.

⑨ 외가의 콜 옵션에서 나오는 큰 시세는 보합이나 강보합에서 발생빈도가 높습니다.

⑩ 옵션은 죽어야 살아나는 생물입니다.

눌림 없는 옵션의 시세는 거의 없기 때문입니다. 옵션에서 큰 시세는 항상 극도의 눌림을 받은 상태에서 발생합니다. 예외가 거의 없습니다.

⑪ 수요일의 종가 무렵 프리가 높다면 양 매수를 오버하는 것은 손실을 볼 확률이 더 높습니다. 시간가치 감소가 야간에도 진행되기 때문입니다.

⑫ 옵션 매수는 만기가 정해지지 않은 적금입니다.
반드시 적금을 타지만 한 번이라도 붓지 않으면 못 탑니다. 이번은 아닐 거라고 적금을 붓지 않을 때 만기가 돌아옵니다. 시장은 영악합니다. 항상 우리보다 아이큐가 조금 더 높습니다.

⑬ 옵션의 매수는 기다림의 미학입니다. 횡보가 길어질수록 매수에서 큰 시세가 나올 확률이 높아지기 때문입니다. 옵션의 프리가 죽을수록 모아 가야 합니다. 하지만 대부분 손절을 합니다. 지루함을 참지 못하기 때문입니다.

⑭ 갭을 동반할 때 옵션의 패턴을 빨리 파악해야 합니다. 옵션의 프리는 갭이 발생하고 갭 런(Gap run)하면 시세가 나오지만 갭 필(Gap fill)하면 사그라지기 때문입니다.

⑮ 다우가 폭등해 갭이 크다면 풋 옵션의 저점을 노리고, 다우가 폭락해 갭 하락이 크다면 장 초반 콜 옵션의 저점을 노립니다. 다우의 급락은 양봉으로, 다우의 급등은 음봉으로 마감하는 경우가 많기 때문입니다.

⑯ 다우가 보합으로 마감했을 때 우리 장은 의외로 장대양봉이나 장대음봉으로 마감하는 경우가 많습니다.

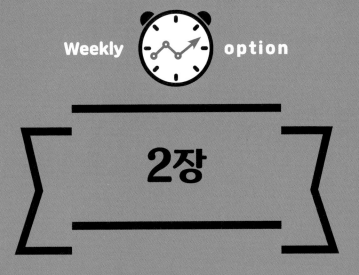

Weekly option

2장

위클리 옵션의
시세

Weekly option

Chapter 01 당일 시세^{당일 저가~당일 고가}

위클리 옵션은 최장 6일간 거래되는 단기 상품입니다. 외가 옵션의 가격은 모두 시간가치로만 구성되어 있으며, 시간가치는 만기가 다가올수록 급격하게 감소하는 특징이 있기 때문에 옵션에서 시세가 나오려면 시간가치 감소(Time decay)를 넘어서는 추세나 변동성이 나와야 합니다. 추세나 변동성은 파동입니다. 이와 같은 이유로 추세나 변동성이 나와 옵션에서 큰 시세가 나오면, 다음 파동까지는 횡보나 반락하는 흐름이 발생해 추세가 지속되기 힘든 구조가 됩니다. 옵션 차트에서 위 꼬리 긴 봉이나 음봉이 자주 나오는 이유는 가격을 갉아 먹는 시간가치 감소가 이 구간에서 위력적으로 진행되기 때문입니다. 그리고 주식이나 선물과 달리 장이 마감해도 다음 날 장 시작까지 시간가치 감소가 계속 진행되어 옵션 매수로 오버하는 것은 극히 불리합니다. 따라서 옵션의 매수는 당일 저점을 노려 매수하고, 당일 청산하는 전략이 가장 좋습니다.

Chapter 1의 차트는 옵션에서 장 중 저점 대비 100% 이상의 시세가 나온 날을 모아 정리한 선물차트들입니다. 지면 관계상 모두 수록하지 못할 만큼 시세가 자주 발생했습니다. 이를 통해 알 수 있는 것은 위클리 옵션에서 시간가치 감소는 옵션 매수자에게 불리하게 작용하지만, 한편으로는 큰 기회가 됩니다. 장 중 저점 대비 100% 이상의 시세가 거의 매일 발생하기 때문입니다. 일례로 2020년 4월 16일부터 6월 9일까지 36일 영업일 동안 5월 8일 하루를 제외하고 매일 100% 이상의 시세가 발생했습니다. 이후 6월 10일 하루만 소강상태를 보이고, 현재까지 시세가 지속적으로 발생하고 있습니다.

차트에는 선물의 변화에 따른 옵션의 시세를 선물차트에 모두 삽입해 선물차트만 보고도 옵션 매매가 가능하도록 했습니다. 즉, 기술적 분석을 이해하면 매매하기 쉬운 구조입니다.

수록된 선물차트는 하락추세, 상승추세, 횡보구간이 모두 포함되어 있어 선물이 어떤 변화를 보여도 대부분 수록된 차트의 유형에 포함되어 장 중 대응이 어렵지 않습니다.

옵션의 시세에는 행사가별로 수익률을 비교해 행사가 선정이 매매에 얼마나 중요한지 설명했습니다. 옵션의 구조는 자체로 반복되는 패턴을 보일 수밖에 없습니다. 외가 옵션이 내가 옵션으로 변화하면 옵션은 단순한 선물로 변화되고, 외가 옵션의 흐름은 비선형 수익구조를 보이기 때문입니다. 이러한 옵션의 특성을 이해하고 매매에 적용하는 것이 Chapter 1의 목표입니다.

1. 위클리 옵션 1주 차

1) 2019. 09. 26 목 위클리 옵션 1주 차 만기일

① 선물 10분봉

0.90포인트의 갭 상승으로 출발한 선물은 20분선을 중심으로 공

방을 벌이다 60분선까지 반등하고 추가반등을 시도했으나, 내려오는 60분선의 저항으로 고점을 낮추는 흐름을 이어가다 13:00경부터 급락하기 시작해 장볼 하단을 이탈하는 모습을 연출했습니다. 이후 장볼 하단을 이탈한 상태에서 30분간 저점을 확인하고 나서 20분선까지 반등하고 마감한 장세였습니다.

② 옵션의 시세

60분선의 저항으로 선물이 2.85포인트 하락하자 풋275는 0.17에서 1.44까지 7.47배의 시세를 주었으며, 풋272는 선물이 하락을 지속했어도 결제확률이 높지 않아 0.01~0.03에서 등락을 거듭하다가 13:00경 선물이 276.00부터 급락해 10분봉의 장볼 하단을 이탈하자 0.01~0.11까지 10배의 시세가 나왔습니다. 풋 옵션의 시세에 연이어 콜 옵션에서 옆줄이 발생해(옵션의 시세가 연이어 나오는 것) 콜275는 30분간 1.40포인트의 반등에 0.06~0.33으로 4.5배의 시세가 발생했습니다. 옆줄은 '단기 변곡점'을 의미합니다. 따라서 옆줄이 발생하면 시세가 상당합니다. 100만 원을 풋272에 투자했다면 풋 옵션에서 10배의 수익으로 1,100만 원이 되고, 이것을 모두 콜275에 투자했다면 4.5배의 시세로 총 6,050만 원으로 59.5배의 수익률이 됩니다. 옆줄의 발생빈도 및 시세는 통계를 참조하시기 바랍니다.

2. 위클리 옵션 5주 차

5영업일 중 3일간 옵션의 시세가 발생했고, 콜277에서 5.5배, 풋275에서 11배의 시세가 발생한 위클리 옵션이었습니다.

1) 2019. 10. 18 금 위클리 옵션 5주 차

① 선물 10분봉

장 초반 상승으로 전환했지만 장볼 상단의 저항으로 하루 종일 흘러내린 장입니다. 기술적으로 보면 전일 장볼 하단 부근에서 마감할 때 장볼 하단이 올라오는 상태로 장볼의 폭이 상당히 좁아진

상태였습니다. 이럴 경우 하락을 하면서 장볼의 폭이 자연스럽게 확장되어야 하는데 무리하게 상승해 장볼 상단의 저항을 확인하자 급하게 밀려 만기 후폭풍이 연출된 장세였습니다.

② 풋 옵션의 시세

옵션의 시세는 장볼 하단을 급하게 이탈할 때 시세가 나옵니다. 다음 표는 3시간 50분 동안 선물이 4.65포인트가 하락했을 때 풋 265의 수익률은 8배, 풋267은 5.83배가 나온 것을 표시한 것입니다. 풋265의 수익률이 풋267보다 높습니다. 즉, 잔존기간이 길게 남아 있고, 선물의 시세가 한 방향으로 크게 움직일수록 외가 옵션의 수익률이 더 높습니다. 그리고 풋267이나 풋265 모두 선물이 고점을 찍었을 때 저점이었고, 선물이 저점을 찍었을 때 고점을 찍었습니다. 이처럼 선물이 고점과 저점을 찍었던 동일한 시간에 옵션도 저점과 고점을 찍는다는 사실이 중요합니다.

시간	선물	풋267	풋265
11:10	277.60	0.06	0.02
15:00	272.95	0.41	0.18
3시간 50분	4.65 하락	5.83배	8.00배

2) 2019. 10. 24 목 위클리 옵션 5주 차 만기일

① 선물 10분봉

1.15포인트의 갭 상승으로 60분선 위에서 출발해 내려오는 60분 선의 저항으로 급락을 해 장볼 하단을 일시 이탈하기도 했지만, 바

로 반등해 20분선까지 그 흐름을 이어 나갔습니다. 이후 반락하는 흐름이 나왔지만, 저점을 높여가는 흐름으로 반등에 성공해 60분선을 돌파하고, 장볼 상단 부근에서 마감한 장세였습니다.

② 옵션의 시세

옵션의 시세는 장볼 하단을 순간적으로 강하게 이탈할 때 나오는 경우가 많습니다. 60분 동안 선물이 2.85포인트 하락하자 풋275는 0.06~0.72까지 11배의 시세가 발생했고, 연이어 콜에서 옆줄이 발생해 콜277에서 3배의 시세가 발생했습니다. 40분 동안 선물 1.55포인트의 반등이었습니다. 옆줄은 장볼 하단을 이탈한 위치에서 발생했는데, 이와 유사한 위치에서 발생하는 경우가 종종 발생합니다. 이후 횡보를 하다 60분선을 돌파하면서 선물이 1.40포인트 반등하자 콜277은 0.04~0.26까지 5.5배의 시세가 발생했습니다.

3. 위클리 옵션 **6주 차**

5영업일 중 2일간 옵션의 시세가 발생했고, 풋277에서 18.25배의 시세가 발생한 위클리 옵션이었습니다.

1) 2019. 10. 31 목 위클리 옵션 6주 차 만기일

① 선물 10분봉

1.75포인트의 갭 상승으로 출발한 선물은 연속된 양봉으로 추가 반등을 이어 나가다 20분선과 60분선의 골든크로스가 발생하자 추가 반등에 성공해 장볼 상단을 터치하기도 했습니다. 하지만 이후 1시간 이상 장볼 상단 부근에서 공방을 벌이다 추가 반등에 실패하자 급락이 발생해 갭을 거의 메우고 마감한 장세였습니다.

② 옵션의 시세

3시간 20분 동안 선물 2포인트의 상승에 콜280은 0.05~0.19까지 2.80배의 시세가 발생했습니다. 이후 10분봉에서 장볼 상단의 저항으로 2시간 동안 3.45포인트의 하락에 풋277은 내재가치를 지닌 1내가 옵션이 되면서 0.08~1.54까지 18.25배의 큰 시세가 발생했습니다.

4. 위클리 옵션 **7주 차**

5영업일 중 4일간 옵션의 시세가 발생했고, 콜290에서 5배, 풋282에서 3배의 시세가 발생한 위클리 옵션이었습니다.

1) 2019. 11. 06 수 위클리 옵션 7주 차

① 선물 10분봉

장 시작 후 바로 상승해 50분간 2.25포인트의 추가 상승을 보이고 바로 급락해 장볼 상단 안으로 복귀한 형태로 지속된 상승에 대한 피로도 때문이었습니다. 며칠 만에 처음으로 올라오는 60분을 터치하고 반등했지만, 강도는 약한 상태로 20분선을 중심으로 등

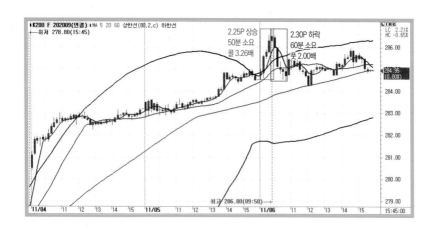

락을 하면서 60분선에서 마감한 장세였습니다. 올라오는 60분선은 처음에는 지지의 역할을 합니다. 하지만 지속적으로 60분선을 터치하면 지지의 역할은 반감됩니다.

② 옵션의 시세

콜287에서 3.26배의 시세가 발생하고, 이어 장볼 상단을 돌파한 상태에서 풋 옵션에서 옆줄이 발생했습니다. 60분 동안 선물이 2.30 포인트 하락하면서 풋282에서 0.18~0.54까지 2배의 시세가 발생했습니다. 위클리 옵션 7주 차에서 처음 발생한 풋 옵션의 시세입니다. 장 초반 나란히 콜과 풋의 시세가 나오고 나서는 20분선을 중심으로 횡보성 등락을 하면서 극심한 프리의 감소가 진행되었습니다.

2) 2019. 11. 07 목 위클리 옵션 7주 차 만기일

① 선물 10분봉

갭 하락 이후 반등했지만 60분선을 저항으로 등락을 거듭한 장세였습니다.

② 옵션의 시세

전일 장 후반 횡보를 하면서 프리의 감소가 충분히 이루어졌고, 장 초반에도 프리의 감소가 이루어지자 작은 진폭에도 옵션의 시세가 나왔습니다. 13:50경 장볼 하단을 저점으로 반등이 나와 40분간 1.10포인트의 반등에 콜285는 0.09~0.33까지 2.67배의 시세가 발생했습니다. 선물이 저점인 283.85를 찍을 때 콜285는 등가의 옵션이었고, 만기까지 90분이 남은 상태에서 0.09의 프리는 지나친 저평가였기 때문이었습니다. 바로 이어서 풋 옵션에서 옆줄이 발생해 10분간 선물 0.65포인트의 하락에 풋282는 3배의 시세가 발생했는데, 만기까지 40분이 남았고 마감 동시호가에서 풋282가 결제될 수도 있다는 심리가 시세로 이어진 것이었습니다.

5. 위클리 옵션 8주 차

월 물 옵션(Monthly option)이 만기 주일 경우 위클리 옵션은 상장되지 않고, 월 물 옵션이 위클리 옵션의 역할을 합니다. 따라서 월 물 옵션을 위클리 옵션 8주 차로 갈음합니다. 월 물 옵션의 만기는 매달 둘째 주 목요일이 아닌 두 번째 목요일입니다. 5영업일 중 5일간 옵션의 시세가 발생했지만, 큰 시세는 없었던 위클리 옵션이었습니다.

1) 2019. 11. 14 목 위클리 옵션 8주 차 만기일

① 선물 10분봉(대입입시로 1시간 지연한 10:00 개장)

강보합으로 출발한 선물은 반등흐름을 보였지만, 전일 고점에서의 저항으로 반락하는 흐름을 보였습니다. 이후 60분선을 잠시 이탈했지만, 20분선과 60분선의 골든크로스로 반등에 성공해 저점을 높여가는 흐름을 보이다가 장 막판에 급등해 장볼 상단을 돌파한 상태로 마감했습니다. 형태상으로 이틀 전의 고점 부근에 위치해 쌍봉의 형태로 보이지만, 연속해 장볼 상단을 두드렸기 때문에 새로운 추세가 나올 수 있는 위치입니다.

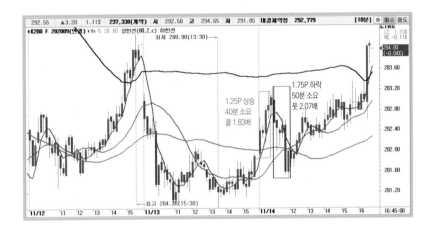

② 옵션의 시세

작은 진폭에도 옵션의 시세가 나왔습니다. 40분 동안 1.25포인트 상승에 콜285는 0.06~0.17까지 1.83배의 시세가 나왔고, 50분간 선물 1.75포인트의 하락에 풋280은 0.13~0.40까지 2.07배의 시세가 발생했습니다.

6. 위클리 옵션 9주 차

5영업일 중 4일간 옵션의 시세가 발생했고, 8주 차에서 큰 시세가 없었던 것에 비해 풋277에서 71배, 콜295에서 12배의 시세가 발생했으며, 3일 연속 옆줄의 시세가 발생한 위클리 옵션이었습니다.

1) 2019. 11. 15 금 위클리 옵션 9주 차

① 선물 10분봉

상승추세에서는 장 초반 눌림을 주고 추가 상승하는 경우가 많으며, 올라오는 20분선을 기다리며 횡보하는 수순을 거쳐 이격조정을 마치게 됩니다. 평소 저항의 역할을 하던 장볼 상단은 지속적으로 확대해 새로운 장볼 상·하단을 형성합니다. 직관적으로 삼봉의 모습으로 하방에 대한 대비가 필요한 시점입니다.

② 콜 옵션의 시세

12:00에 선물이 288.15를 찍을 때 콜 옵션은 모두 동시에 고점을 찍었고, 외가로 갈수록 콜 옵션의 상승률이 높습니다. 위클리 옵션은 5일간 거래되는 상품으로 잔존일이 길수록 외가 옵션의 탄력이 좋습니다. 옵션의 매수는 결제를 받는 것보다는 순간적인 시세의 폭발이 나왔을 때 수익을 확정시키고 재진입을 노리는 스킬이 중요합니다. 옵션의 시세는 나비처럼 왔다가 벌처럼 날아가기 때문입니다.

시간	선물	콜287	콜290	콜292	콜295
09:10	283.75	0.49	0.17	0.05	0.01
12:00	288.15	2.09	0.98	0.37	0.13
2시간 50분	4.40 상승	3.26배	4.76배	6.40배	12.00배

2) 2019. 11. 19 화 위클리 옵션 9주 차

① 선물 10분봉

장볼의 폭은 확장과 축소를 반복합니다. 따라서 장볼의 폭이 극도로 축소되면 확장을 하려는 성질이 강해집니다. 이때 장볼 하단을 터치하면 반등할 확률보다는 추가 하락할 확률이 높아집니다. 하락을 해야 장볼 하단이 방향을 틀어 장볼의 폭이 자연스럽게 확장되기 때문입니다.

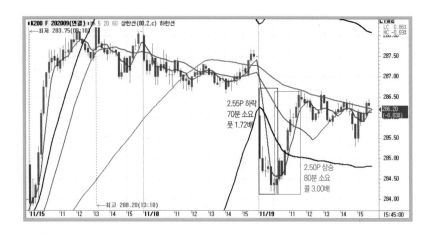

② 옵션의 시세

70분간 선물 2.55포인트의 하락에 풋280은 1.72배의 시세가 발생했습니다. 연이어 콜에서 옆줄이 발생해 80분 동안 선물이 2.50 포인트 상승하자 콜290에서 3배의 시세가 발생했습니다. 장볼 하단을 이탈하고 추가 하락이 나오더라도 아래 꼬리 단 양봉이 연속으로 나오면 장볼 하단을 회복할 확률이 높아지기 때문에 옆줄의 시세가 나올 확률도 높아집니다.

3) 2019. 11. 20 수 위클리 옵션 9주 차

① 선물 10분봉

내려오는 60분선의 저항으로 갭 하락해 출발한 선물은 반등을 시도했으나 실패하자 장볼 하단을 타고 흘러내리는 흐름을 보였습니다. 이후 13:00경 저점을 경신하고 반등했으나 내려오는 20분선의 저항에 부딪쳐 반락해 저점 부근에서 마감한 장세였습니다.

② 풋 옵션의 시세

옵션의 가격은 결제의 가능성으로 움직입니다. 만기를 하루 앞둔 오후 1시에 선물이 저점인 282.45를 찍을 때 풋277은 2외가인 상태였습니다. 따라서 시간적으로 결제될 가능성이 있고, 가격대가 0.10 미만이기 때문에 6배의 시세가 발생했습니다.

시간	선물	풋285	풋282	풋280	풋277
09:20	285.60	1.04	0.28	0.05	0.01
13:00	282.45	2.96	1.16	0.32	0.07
3시간 40분	3.15 하락	1.84배	3.14배	5.40배	6.00배

③ 콜 옵션의 시세

풋 옵션의 시세에 이어 콜 옵션에서 옆줄이 발생했습니다. 선물이 282.45~283.40까지 0.95포인트 상승에 콜285는 0.15~0.32까지 1.13배의 시세가 발생했습니다.

4) 2019. 11. 21 목 위클리 옵션 9주 차 만기일

① 선물 일봉

전일의 하락에 이은 진폭 4.95포인트의 음봉입니다.

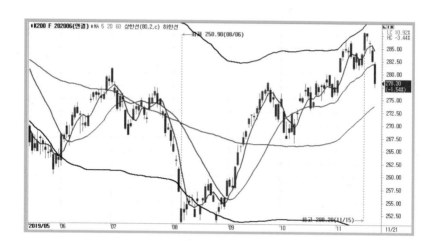

② 선물 10분봉

하락이 우세한 상황에서는 장볼 하단을 이탈하고 흘러내리는 현상이 발생합니다. 이때 장볼의 폭이 확장되면서 내려오는 20분선

을 기다리는 횡보성 등락을 거듭합니다. 이후 반등을 하거나 추가 하락하는 흐름이 발생합니다. 만기일의 영향으로 하락의 강도가 강했지만, 이격조정을 거치면서 다중 바닥을 형성한 장세로 판단됩니다.

③ 풋 옵션의 시세(1번)

10:40에 선물이 278.00을 찍을 때 풋277은 2외가 옵션에서 등가 옵션으로 변화된 상태이고, 만기까지 4시간 40분이 남아 있는 상황이었기에 71배의 큰 시세가 발생했던 것입니다. 가능성이 거의 없던 풋275도 1외가에 근접하면서 11배의 시세가 나왔습니다. 옵션에서 큰 시세가 나올 때 행사가의 선정이 가장 중요합니다. 풋282를 100만 원어치 매수했다면 수익은 462만 원이지만, 풋277을 매수했다면 7,100만 원의 수익으로 비교 자체가 무의미할 정도입니다. 또한 행사가의 선정은 선물이 변화한 후 옵션의 행사가가 등가로 변화할 때 수익률이 극대화되는 경우가 많습니다. 등가가 될 때 시간가치가 가장 크기 때문입니다.

시간	선물	풋282	풋280	풋277	풋275
09:00	282.50	0.95	0.18	0.01	0.01
10:40	278.00	5.34	2.86	0.72	0.12
100분	4.50 하락	4.62배	14.88배	71.00배	11.00배

④ 옆줄의 발생

콜280에서 3배의 시세가 나오고 나서 연이어 풋 옵션에서 옆줄이 발생해 고작 선물 2.05포인트의 하락에도 풋277은 0.10~0.65까지 5.5배의 시세가 발생했습니다.

7. 위클리 옵션 **10주 차**

5영업일 중 4일간 옵션의 시세가 발생했고, 풋275에서 5배, 콜285에서 4배의 시세가 발생한 위클리 옵션이었습니다.

1) 2019. 11. 28 목 위클리 옵션 10주 차 만기일

① 선물 10분봉

전일 장볼 하단을 이탈하고 바로 반등이 나온 것처럼 당일도 장볼 하단을 이탈하자 10분 만에 빠른 속도로 반등해 장볼 하단을 회복했습니다(이러한 형태의 차트를 뒤집으면 상승할 때와 동일한 형태로 장볼 상단이 평평한 상태에서 장볼 상단을 갭 상으로 돌파한 후 바로 밀리는 형태입니다). 하지만 반등에 실패해 재차 장볼 하단을 터치하면 지지의 신뢰성은 약해지기 때문에 추가 하락을 준비하는 것이 좋습니다.

② 옵션의 시세

만기일과 등합은 상당히 중요한 연관관계가 있습니다. 등합이 평소보다 높은 상태라면 선물이 크게 움직여도 옵션에서 시세가 나오지 않습니다. 하지만 등합이 낮은 상태라면 선물이 조금만 움직여도 옵션에서 시세가 나옵니다. 선물이 고작 1.10포인트 하락했음에도 불구하고 풋 옵션에서 4.33배의 시세가 나온 것은 등합이 극도로 낮았기 때문에 나온 현상이었습니다.

8. 위클리 옵션 **11주** 차

5영업일 중 4일간 옵션의 시세가 발생했고, 만기일 풋272에서 26.5배의 시세가 발생한 위클리 옵션이었습니다.

1) 2019. 11. 29 금 위클리 옵션 11주 차
① 선물 일봉

진폭 6.20포인트의 장대음봉으로 60일선에서 약간 반등하고 마감한 형태입니다.

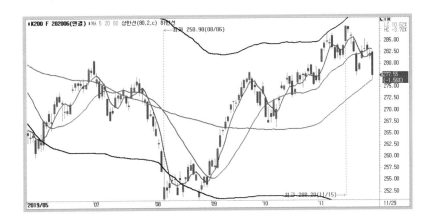

② 선물 10분봉

장볼 하단을 자주 터치하면 지지의 확률보다는 이탈할 확률이 더 커집니다. 반등이 전혀 없었던 One way 장세였습니다.

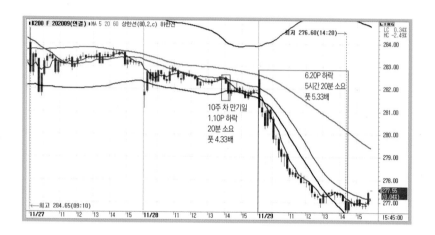

③ 풋 옵션의 시세

통상 옵션은 외가로 갈수록 수익률이 훨씬 높습니다. 하지만 다음의 표에서 보면 수익률이 높아지기는 하지만 별 차이가 나지 않는데, 그것은 하락하는 데 소요되는 시간 때문입니다. 외가 풋 옵션들은 시간가치만 있습니다. 따라서 선물이 하락하면 풋 옵션 가격은 오르지만, 시간이 많이 걸리면 그만큼 시간가치가 줄어들면서 풋 옵션의 가격이 생각처럼 오르지 않는 현상이 발생하게 됩니다. 6.20포인트의 하락에 풋 옵션의 시세가 5.33배가 나온 것은 큰 시세가 아닙니다. 5시간 20분이나 걸렸기 때문입니다. 10주 차 만기일의 경우 20분간 1.10포인트 하락에 4.33배의 시세와 비교해보더라도 확연한 차이가 있습니다.

시간	선물	풋275	풋272	풋270	풋267
9:00	282.80	0.25	0.12	0.06	0.03
14:20	276.60	1.42	0.75	0.38	0.19
5시간 20분	6.20 하락	4.68배	5.25배	5.33배	5.33배

2) 2019. 12. 04 수 위클리 옵션 11주 차

① 선물 10분봉

2.10포인트의 갭 하락으로 출발한 선물은 장 초반 전일의 흐름과 동일하게 반등했지만, 하락의 관성으로 장볼 하단을 타고 내리는 흐름을 보이고 난 후 기술적 반등에 성공해 60분선에서 마감한 장세였습니다.

② 옵션의 시세

선물의 진폭이 2.05포인트에도 불구하고 옵션의 시세가 4번이나 나온 것은 프리가 거의 없었기 때문입니다. 이런 경우는 조만간 선물의 진폭이 확대될 확률이 아주 높아집니다. 옵션 매수의 원칙은 싸게 사서 비싸게 파는 것입니다. 여기서 싸다는 것의 의미는 결제될 확률이 있음에도 옵션의 시간가치가 저평가되어 있다는 것입니다. 즉, 프리가 낮을 때 매수하는 타이밍이 중요합니다. 장 초반 콜옵션의 시세에 연이어 풋 옵션에서 옆줄이 발생해 선물 1.65포인트의 하락에 1.14배의 시세가 발생했던 것입니다.

3) 2019. 12. 05 목 위클리 옵션 11주 차 만기일

① 선물 일봉

1.05포인트의 갭 상승을 동반한 진폭 4.05포인트의 아래 꼬리 단 음봉입니다. 5일선에서 헤드앤숄더(Head and shoulder)가 완성된 모습입니다. 차트의 왼쪽에도 헤드앤숄더의 모습이 보입니다.

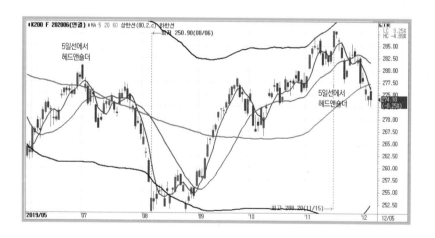

② 선물 10분봉

시가는 미국 장의 영향을 받지만 미국 장이 양봉일 경우 우리 장은 반대로 음봉으로 마감하는 빈도가 의외로 많습니다. 외부변수에 의한 갭 상승을 역이용하기 때문입니다. 그래서 갭 상으로 60분선을 돌파하더라도 내려오는 60분선은 저항의 역할을 합니다. 갭 상으로 출발한 선물이 하락으로 전환되고 장볼 하단 부근까지 밀리고 나서야 반등을 했는데, 그 지점은 전일의 저점 부근이었습니다. 쌍 바닥을 확인하고 반등했던 것입니다.

③ 옵션의 시세

만기일 하루 거래에 총 5번의 시세가 나왔습니다. 2번의 경우 선물 3.85포인트의 하락에 풋272는 0.02~0.55까지 26.5배의 큰 시세가 나왔으며, 연이어 콜에서 옆줄이 발생해 콜275에서 2배의 시세가 나왔습니다. 4번의 경우에는 20분 동안 고작 선물 0.45포인트의 하락에 풋272는 0.07~0.28까지 믿기 힘든 3배의 시세가 나왔고, 연이어 다시 콜에서 옆줄이 발생해 콜275는 2.5배의 시세가 발생한 만기일이었습니다(통계 옆줄의 발생빈도 참조).

9. 위클리 옵션 **12주 차**

5영업일 중 2일간 옵션의 시세가 발생한 위클리 옵션이었습니다.

1) 2019. 12. 12 목 위클리 옵션 12주 차 만기일

① 선물 10분봉

1.90포인트의 갭 상으로 출발한 선물은 시가=저가의 패턴으로 추가 상승을 이어 나간 장세였습니다. 장볼 상단을 돌파하고 추가 상승할 때의 흐름은 지루할 정도로 단조로운 모습을 보입니다. 장 중 눌림으로 이격조정을 마치는 경우가 많기 때문입니다. 이러한 형태는 보통 20분선까지 가격조정을 바로 받거나 횡보를 하면서 올라오는 20분선을 기다리는 형태로 나타나는 것이 일반적입니다.

② 콜 옵션의 시세

일반적으로 외가 옵션을 매수했을 때 매수한 옵션이 등가가 될 때 수익률이 가장 높습니다. 등가의 옵션은 감마값과 시간가치가 가장 높기 때문입니다.

시간	선물	콜282	콜285	콜287
09:00	282.60	0.95	0.17	0.02
13:20	285.40	2.99	0.87	0.10
4시간 20분	2.80 상승	2.14배	4.11배	4.00배

10. 위클리 옵션 **13주** 차

5영업일 중 3일간 옵션의 시세가 발생했고, 만기일 풋292에서 4.4배, 콜297에서 7배의 시세가 발생한 위클리 옵션이었습니다.

1) 2019. 12. 17 화 위클리 옵션 13주 차 만기일

① 선물 10분봉

상승추세에서는 장볼 상단을 돌파한 이후에 5분선을 타고 추가 상승하다가 횡보를 하면서 올라오는 장볼 상단 안으로 자연스럽게 들어오는 형태가 자주 발생합니다. 장볼의 폭이 축소되면 확장하려는 속성이 강해집니다. 만약 5분선이나 장볼 상단을 타고 오르는 흐름이 나오지 않으면 장볼의 폭은 확대되지 않습니다. 그래서 파동에 의해 자연스러운 상승을 하는 것입니다. 선물의 흐름은 지속적으로 상승을 하고 고점횡보로 마감한 형태였습니다.

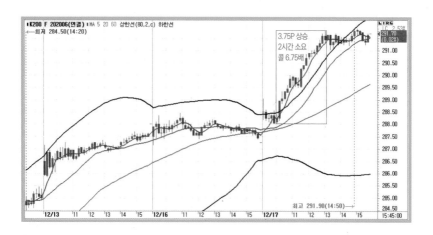

② 콜 옵션의 시세

콜 옵션의 시세는 장볼 상단을 돌파할 때 탄력이 좋아집니다. 외가의 옵션일수록 상승률이 높지만, 콜297과 콜300의 상승률은 반대의 상황입니다. 콜은 외가로 갈수록 저평가현상이 심해지는 경향이 있는데, 이것은 커버드 콜과 관련이 있습니다.

시간	선물	콜292	콜295	콜297	콜300
10:00	288.05	0.64	0.18	0.04	0.01
13:00	291.80	2.49	1.02	0.31	0.07
2시간	3.75 상승	2.89배	4.67배	6.75배	6.00배

③ 커버드 콜(Covered call)

주식이나 선물매수를 보유한 기관 투자가들은 지수가 오를수록 수익이 커지는데, 이때 결제 가능성이 낮은 행사가의 콜을 집중적으로 매도하는 경우가 많습니다. 이는 앞선 정보력을 지닌 기관들이 기존의 수익을 일정 부분 담보하기 위해서 하는 전략입니다. 예를 들어 지수가 올랐다가 어느 정도 하락하면 수익이 줄어드는데, 이러한 수익의 감소를 방비하는 전략입니다. 또는 선물을 대량으로 매수하면 증거금이 증가하는데, 이때 외가의 콜 옵션을 매도하게 되면 증거금이 줄어 보다 많은 선물을 보유할 수 있는 장점이 있습니다. 더불어 결제 가능성이 낮은 외가의 콜 옵션을 매도해 콜 옵션에서 추가 수익을 기대할 수가 있습니다. 따라서 이러한 전략을 기관 투자가들이 경쟁적으로 펼치기 때문에 외가의 콜 옵션은 대부분 저평가 상태를 유지하게 됩니다. 일봉상으로 보면 9영업일 동안 선물은 19포인트나 오른 상태로 선물을 매수한 기관 투자가라면 커버드 콜은 유용한 전략이 될 것입니다.

2) 2019. 12. 18 수 위클리 옵션 13주 차 만기일

① 선물 10분봉

강보합으로 출발한 선물은 장볼 상단을 일시적으로 돌파했지만, 장볼 상단의 저항으로 급하게 밀리는 흐름을 보였습니다. 이후 반등이 나왔지만 추가 반등에는 실패하고, 옆으로 누운 20분선을 중심으로 장 마감까지 지루한 횡보를 이어 나간 장세였습니다. 장볼의 폭이 확장된 상태에서 장볼 상단을 다시 터치할 경우 상승에 대한 피로감으로 장볼 상단은 일단 저항의 역할을 하는 경우가 많습니다. 이격조정이 필요하기 때문입니다.

② 옵션의 시세

20분 동안 1.70포인트의 상승에 콜297은 0.20~0.47까지 1.35배의 시세가 나오고, 이어서 풋 옵션에서 옆줄이 발생했습니다. 50분 동안 2.60포인트의 하락에 풋292는 0.23~0.78까지 2.39배의 시세가 발생했습니다. 이후 5시간 이상을 횡보하면서 프리는 지독한 다이어트에 들어갔던 하루였습니다. 이러한 상태가 되면 옵션의 시간 가치가 거의 없어져 옵션 매수의 타이밍이 발생하게 됩니다.

3) 2019. 12. 19 목 위클리 옵션 13주 차 만기일

① 선물 10분봉

1.05포인트의 갭 상승으로 출발한 선물은 장볼 상단의 저항과 저점을 낮추는 쌍봉의 형태로 장볼 하단까지 밀리는 흐름이 발생했습니다. 이후 일시적으로 장볼 하단을 잠시 이탈했지만, 바로 반등해 60분선에서 마감한 만기일이었습니다.

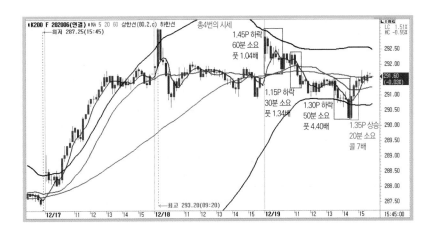

② 풋 옵션의 시세

　장볼 상단의 저항으로 장볼 하단을 이탈하는 자리까지 밀리면서 풋 옵션에서 3번의 시세가 나오고, 바로 이어서 14:30~14:50까지 20분간 290.20~291.55까지 1.35포인트 반등에 콜297은 7배의 시세가 발생했습니다. 특이한 것은 선물차트에서 선물이 일시적으로 장볼 하단을 이탈하자 풋 옵션의 변동성이 살아나 풋292에서 4.40배의 시세가 발생한 것입니다. 만기를 1시간 남긴 상태에서도 변동성이 살아나면, 외가의 옵션에서 오버슈팅이 나오는 것을 보여주고 있습니다. 선물차트에서 풋 옵션의 시세를 비교해보시기 바랍니다.

시간	선물	풋295	풋292
13:30	291.50	0.88	0.05
14:20	290.20	2.11	0.27
50분	1.30 하락	1.40배	4.40배

11. 위클리 옵션 **14주 차**

4영업일 중 3일간 옵션의 시세가 발생했고, 풋290에서 1.64배, 콜 295에서 2.6배의 시세가 발생한 위클리 옵션이었습니다.

1) 2019. 12. 23 월 위클리 옵션 14주 차

① 선물 10분봉

장볼 상·하단이 모두 평평할 경우 갭 상승해 장볼 상단 위에서 출발할 경우 두들겨 맞을 확률이 압도적입니다. 통상 장이 출발하고 나서 빠르게 밀리는 형태로 나타납니다. '모난 돌이 정 맞는다'라는 표현이 적절합니다(2020. 06. 08 월, 2020. 06. 19 금의 10분봉 참조). 장 마감을 앞두고 장볼의 폭이 더욱 수축되었는데, 이럴 경우 조만간 장볼의 폭이 확장됩니다.

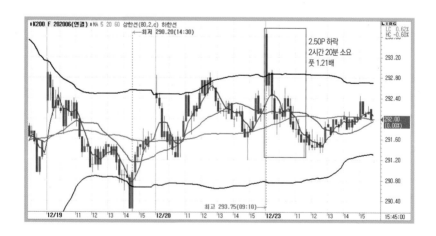

② 옵션의 시세

옵션의 시세는 장볼 상단에서 장볼 하단까지 하락하고, 또 장볼 하단을 이탈하는 흐름이 나올 때 큰 시세가 나오게 됩니다. 앞의 선물 10분봉에서는 장볼 하단까지 하락하지 못하고, 중간에 반등이 나와 2.50포인트의 하락에도 1.21배의 시세가 나왔을 뿐입니다.

2) 2019. 12. 26 목 위클리 옵션 14주 차 만기일

① 선물 10분봉

기존의 추세를 유지하려는 관성에 의해 장 초반 추가 하락을 보였지만, 60분선까지 바로 반등했습니다. 하지만 추가 반등에는 실패하고 여러 시간 횡보를 하면서 저점을 높이는 쌍 바닥의 형태를 완성한 후에 본격적인 반등이 시작되어 장볼 상단까지 그 흐름을 이어 나가 종가=고가의 형태로 마감한 장세였습니다. 장볼의 폭이 확장된 상태에서 장볼 하단을 이탈할 경우 하락에 대한 피로도가 높아져 정상상태인 장볼 안으로 복귀하려는 속성이 강해집니다. 그

리고 내려오는 60분선은 저항으로 작용하기 때문에 이를 돌파하기 위해서는 시간 조정이 필요합니다. 따라서 첫 반등의 목표는 60분선으로 설정하는 것이 성공률이 높습니다.

② 옵션의 시세

만기일 3번의 시세가 발생했습니다. 장볼 하단을 재차 이탈하고 나서 반등에 성공해 콜 옵션에서 2.6배의 시세가 나왔고 60분선의 저항으로 반락하면서 풋 옵션에서 1.17배의 시세, 이후, 쌍 바닥을 형성하고 반등하면서 콜 옵션에서 2.74배의 시세가 발생한 만기였습니다.

12. 위클리 옵션 **15주** 차

3영업일 중 2일간 옵션의 시세가 발생했고, 풋290에서 28.33배, 콜300에서 7.63배의 시세가 발생한 위클리 옵션이었습니다.

1) 2019. 12. 27 금 위클리 옵션 15주 차

① 선물 일봉

1.20포인트의 갭 상승을 동반한 진폭 6.15포인트의 위 꼬리 단 장대 양봉입니다. 장볼 상단을 돌파 안착한 모습입니다.

② 선물 10분봉

1.20포인트의 갭 상승으로 장볼 상단을 돌파해 출발한 선물은 5분선을 타고 오르는 흐름으로 추가 상승을 이어 나갔습니다. 이후 장볼 상단과의 과도한 이격을 좁히는 횡보를 보이고, 고점을 높이는 추가 상승을 보인 후에 반락하는 흐름이 나오며 마감한 장세였습니다. 지나칠 정도로 장볼의 폭이 확대되면 상승의 피로감으로 장볼 상단은 강한 저항이 될 확률이 높아집니다.

③ 옵션의 시세

옵션에서 큰 시세가 나오려면 장볼 상단을 강하게 돌파하는 흐름과 횡보구간 없이 오르는 흐름이 동시에 필요합니다. 일차조건인 장볼 상단을 강하게 돌파하는 흐름은 나왔지만, 1시간 이상을 횡보하는 구간이 발생하자 큰 시세가 나오려다 멈추게 된 것입니다. 게다가 연말연초 휴일이 겹치면서 영업일수가 2일이나 줄어들어 시간가치 감소가 급격해진 것도 한몫을 했습니다. 콜 옵션에 이어 풋 옵션에서 옆줄이 발생해 풋292는 1.94배의 시세가 발생했습니다.

시간	선물	콜295	콜297	콜300	콜302
09:10	291.95	0.52	0.22	0.08	0.03
13:10	298.10	3.03	1.56	0.69	0.25
4시간	6.15 상승	4.83배	6.09배	7.63배	7.33배

2) 2020. 01. 02 목 위클리 옵션 15주 차 만기일

① 선물 일봉

0.55포인트의 갭 하락을 동반한 진폭 4.80포인트의 위 꼬리 단 음
봉입니다. 종가=저가의 패턴으로 이러한 형태가 만기일에 발생하
면 풋 옵션에서 큰 시세가 나옵니다.

② 선물 10분봉(개장일로 1시간 지연해 10시 개장, 마감은 동일)

0.55포인트의 갭 하락으로 출발한 선물은 장 초반 갭을 메웠지
만, 추가 반등에 실패하자 장볼 하단을 강하게 이탈하는 흐름을 보
였습니다. 이후 반등이 나왔지만 강도는 약해 오전 장의 저점을 재
차 확인하는 형태로 마감한 장세였습니다. 전 영업일에 하루 종일
횡보를 거듭해 장볼의 폭이 상당히 수축된 상태였습니다. 이러한
경우 올라오는 장볼 하단은 외형상 지지를 할 것 같은 느낌이 들지
만, 실제로는 이탈하는 경우가 더 많이 나옵니다. 장볼의 폭이 확장
되려면 장볼 하단을 이탈하는 흐름이 발생해야 하기 때문입니다.

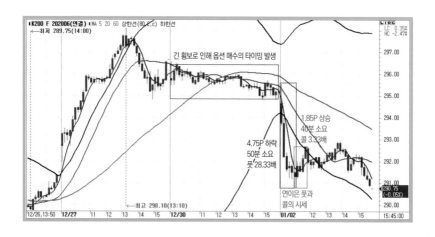

③ 풋 옵션의 시세

횡보가 길면 추세가 나오는 것처럼 선물이 긴 시간 횡보를 하면 옵션의 가격인 프리는 시간가치의 감소가 두드러집니다. 이처럼 프리가 거의 없어지면 비로소 옵션은 살아날 준비를 합니다. 옵션의 매수타이밍이 발생하는 것입니다. 선물이 10:10에 295.55를 찍을 때 풋290은 2외가로 만기까지 5시간 10분이 남은 상태였습니다. 따라서 0.03은 아주 좋은 가격으로 매수의 타이밍입니다. 이때 최대 손실은 3틱으로 손실을 봐도 무방하다는 마인드를 가져야 합니다. 매수로 매번 수익을 내려는 생각은 정작 큰 시세가 나와도 중간에 작은 수익으로 청산하게 만들어 오히려 멘붕에 빠지게 됩니다. 작은 수익은 안 먹고 말겠다는 마음가짐을 실천하기는 정말 어렵지만, 반드시 내 것으로 만들어야 합니다. '살고자 하면 죽을 것이요, 죽고자 하면 살 것이다'라는 명언이 옵션 매수와 일맥상통합니다.

시간	선물	풋292	풋290	풋287
10:10	295.55	0.21	0.03	0.01
11:00	290.80	2.75	0.88	0.11
50분	4.75 하락	12.09배	28.33배	10.00배

④ 콜 옵션의 시세

풋 옵션의 시세에 이어 콜 옵션에서 옆줄이 발생해 콜292는 3.33배의 시세가 나왔습니다. 11:40에 선물이 292.65를 찍을 때 콜292는 등가로 바뀐 상태였습니다. 만기까지 3시간 40분이 남은 상태에서 등가의 옵션 가격 0.39는 저평가된 상태입니다. 이럴 때 주의해야 할 것은 메이저의 의중입니다. 차트상 장볼 하단을 이탈한 상태에서 반등은 나왔지만, 반등의 기울기가 완만해 다시 반락할 확률이 높아 보였고, 결국 종가까지 밀리는 흐름이 나왔습니다.

시간	선물	콜292
11:00	290.80	0.09
11:40	292.65	0.39
40분	1.85 상승	3.33배

13. 위클리 옵션 16주 차

5영업일 중 3일간 시세가 발생했고 풋282에서 7.1배, 콜297에서 7배의 시세가 발생한 위클리 옵션이었습니다. 만기일의 시세가 없었던 유일한 위클리 옵션이었습니다.

1) 2020. 01. 03 금 위클리 옵션 16주 차

① 선물 10분봉

3포인트의 상승 갭으로 출발해 추가 상승했지만, 전일의 고점에서 저항에 부딪치고 1시간 30분 동안 다중 천정의 모습으로 횡보하다 급락을 한 경우로, 장볼 하단까지 밀리고 나서 20분선까지 반등한 모습입니다.

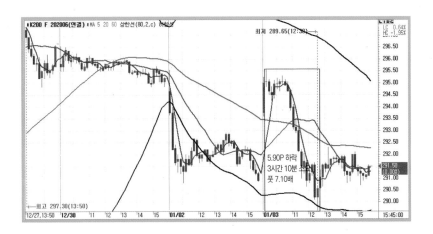

② 풋 옵션의 시세

잔존일이 많이 남을수록 외가 옵션을 매수하는 것이 수익률이 좋습니다.

시간	선물	풋290	풋287	풋285	풋282
09:20	295.55	0.82	0.42	0.20	0.10
12:30	289.65	3.30	2.13	1.33	0.81
3시간 10분	5.90 하락	3.02배	4.07배	5.65배	7.10배

2) 2020. 01. 07 화 위클리 옵션 16주 차

① 선물 10분봉

가격조정을 받은 후에는 기간조정을 거치는 것이 일반적입니다. 이틀 전 가격조정을 받고 전일은 장볼 하단 부근에서 바닥을 다지는 기간조정 후에 반등을 한 모습입니다. 하지만 상승을 할 때 장볼 상단을 터치하지 않으면 상승의 탄력이 약해집니다. 직관적으로 장볼 상단을 터치하지 못하고 밀리면서 횡보를 이어 나간 모습으로 상방의 힘이 약해진 상태입니다.

② 옵션의 시세

가격조정을 받을 때에는 볼이 살아나고 기간조정을 거치게 되면 프리는 상당 폭 감소합니다. 이렇게 프리의 감소가 일어난 후면 선물의 변화에 따라 옵션의 탄력이 좋아집니다. 40분간 선물이 3.00 포인트 상승하자 콜297은 0.09~0.39로 3.33배의 시세가 발생했습니다. 이후 선물이 20분선을 중심으로 횡보를 이어 나가자 옵션의 프리는 지속적으로 감소해 콜297은 고점 0.39에서 0.16으로 반 토막 이상 줄어든 상태로 마감을 했습니다.

3) 2020. 01. 08 수 위클리 옵션 16주 차

① 선물 10분봉

상방의 에너지가 약화된 상태에서 2.50포인트의 갭 하락에 이어 추가로 하락한 모습이 나왔습니다. 마찬가지로 장볼 하단을 터치하지 못하자 하방의 압력이 약해지면서 저점을 높이는 모습으로 반등에 성공한 모습이었습니다. 하지만 60분선의 저항으로 추가 반등에는 실패하고 반락해 마감한 장세였습니다.

② 옵션의 가격(2020. 03. 03 화/ 2020. 05. 28 목 참조)

풋285에서 1.21배의 시세가 나오고 연이어 콜 옵션에서 옆줄이 발생해 콜297에서 7배의 시세가 나왔습니다. 연이어 다시 풋 옵션에서 옆줄이 발생해 풋285는 1.02배의 시세가 발생한 보기 드문 케이스였습니다.

③ 시간대별 옵션 가격

옵션에서 시세가 나오기 위한 절대조건은 눌림입니다. 09:10에 선물이 290.25를 찍었을 때 콜297의 가격은 0.19였습니다. 그리고 선물이 2.20포인트 밀린 288.05일 때 0.19에서 0.03까지 눌림을 받고 나서 반등을 해 12:00에 고점 291.65를 찍을 때 0.03~0.24까지 7배의 시세가 나왔던 것입니다. 위클리 옵션에서 대시세는 관에 못 질까지 한 상태에서 강시처럼 튀어 오르는 경우가 대부분입니다. 그리고 15:00에 선물이 289.90을 찍을 때 풋285는 2외가인 상태인데도 0.89라는 높은 프리로 상당한 거품이 끼어 있는 상태입니다. 이럴 경우 다음 날 만기에는 풋 옵션의 거품을 제거하는 과정이 나오는 경우가 많습니다. 추세가 하락이라도 최소한 일시적이라도 횡보를 하거나 반등이 나올 확률이 높아집니다.

시간	선물	풋285	콜297
09:10	290.25	0.47	0.19
09:40	288.05	1.04	0.03
12:00	291.65	0.44	0.24
15:00	289.90	0.89	0.07

14. 위클리 옵션 **17주 차**

5영업일 중 5일간 시세가 발생했고 풋295에서 3배, 콜302에서 13.5배의 시세가 발생한 위클리 옵션이었습니다.

1) 2020. 01. 10 금 위클리 옵션 17주 차

① 선물 일봉

진폭 2.90포인트의 양봉으로 장볼 상단을 돌파 안착한 모습입니다.

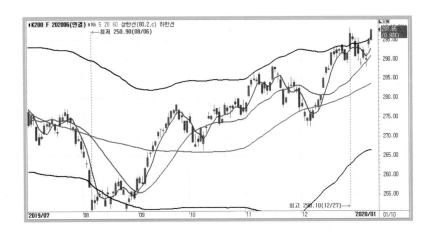

② 선물 10분봉

장볼 상단의 저항으로 밀렸지만, 20분선에서 지지받으며 지속적으로 상승해 마감한 장세였습니다. 장볼 상단은 우상향의 모습을 보이고, 20분선까지 조정을 보이고 반등하는 것이 전형적인 상승 추세의 모습입니다.

③ 콜 옵션의 시세

행사가가 인접한 경우 상승률의 차이는 크지 않지만, 콜297과 콜305를 비교하면 상승률의 차이가 제법 벌어져 매수하는 행사가에 따라 수익률의 차이가 벌어집니다. 15:10에 콜297은 등가의 옵션으로 바뀐 상태로 가격은 1.67이었는데 영업일수가 4일 남아 있고, 최근 선물의 진폭을 고려하면 약간은 저평가되어 있는 상태입니다.

시간	선물	콜297	콜300	콜302	콜305
11:50	294.80	0.80	0.34	0.13	0.04
15:10	297.70	1.67	0.81	0.35	0.13
3시간 20분	2.90 상승	1.08배	1.38배	1.69배	2.25배

2) 2020. 01. 13 월 위클리 옵션 17주 차

① 선물 일봉

진폭 3.60포인트의 양봉으로 전일에 이어 추가로 상승한 모습입니다. 종가=고가의 형태는 다음 날 추가 상승할 확률이 높습니다. 하지만 현재까지 5개의 양봉이 나왔고, 장볼 상단을 돌파 안착한 상태에서 장볼 상단과의 이격이 과한 상태입니다. 이런 경우 관성에 의해 추가 상승할 수 있지만, 다음 날 갭 상을 동반한다면 음봉이 나올 확률이 높으므로 주의해야 할 패턴입니다.

② 선물 10분봉

직관적으로 파란 선인 20분선의 지지를 받고 하루 종일 상승한 장세였습니다. 선물지수가 300을 돌파한 것은 긍정적이나 300이라는 지수를 돌파하고 안착하려면 최소한 기간조정을 받을 확률이 높습니다.

③ 콜 옵션의 시세

외가의 옵션 매수는 프리가 녹을까 두려워 비싼 옵션을 거래하는 경우가 많은데, 이것은 옵션의 특성을 이해 못한 상태에서 비롯된 것입니다. 옵션의 시세는 외가로 갈수록 수익률이 더 좋습니다. 정작 옵션 매수를 두려워 해야 할 때는 옵션 매수의 욕구가 강하게 일어날 때입니다. 대부분 추격 매수를 해서 왕창 물리게 됩니다. 앞으로 계속 옵션의 시세를 비교할 것입니다. 그때마다 특수한 경우를 제외하고는 외가의 수익률이 더 좋은 것을 알 수 있습니다. 게다가 옵션의 저점과 고점을 찍은 시간이 대부분 선물의 저점과 고점을 찍은 시간과 동일합니다. 그렇기 때문에 외가의 매수를 두려워 할 필요가 없습니다.

시간	선물	콜300	콜302	콜305	콜307
09:40	297.30	0.51	0.16	0.04	0.01
15:00	300.65	1.68	0.71	0.24	0.07
5시간 20분	3.35 상승	2.29배	3.44배	5.00배	6.00배

3) 2020. 01. 14 화 위클리 옵션 17주 차

① 선물 일봉(2020. 02. 13 목/ 2020. 06. 04 목 참조)

1.95포인트의 갭 상승을 동반한 진폭 2.65포인트의 위 꼬리 단 음봉입니다. 이러한 형태가 장볼 상단 부근에서 발생할 경우 추가 상승하더라도 조심해야 할 형태입니다.

② 선물 10분봉

1.95포인트의 갭 상승으로 출발한 선물은 추가 반등을 시도했으나, 다중 천정을 형성하고 반락하는 흐름이 나왔습니다. 이후 횡보를 하면서 이평이 거의 모여진 상태로 마감해 하방에 대한 대비가 필요해 보이는 모습입니다.

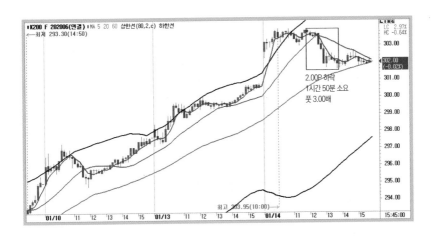

③ 옵션의 시세

고점에서 장시간 횡보를 한 상태에서 밀리자 선물 2포인트의 하락에도 풋 옵션에서 3배의 시세가 나왔습니다.

시간	선물	풋300	풋297	풋295	풋292
11:50	303.90	0.37	0.11	0.03	0.01
13:40	301.90	1.00	0.36	0.12	0.04
1시간 50분	2.00 하락	1.70배	2.27배	3.00배	3.00배

4) 2020. 01. 16 목 위클리 옵션 17주 차 만기일

① 선물 일봉

진폭 3.75포인트의 양봉으로 종가가 거의 고가인 형태입니다.

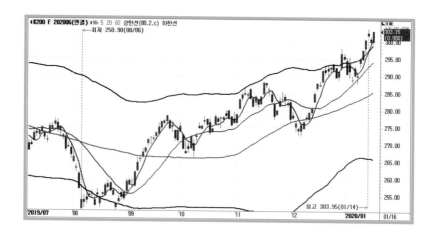

② 선물 10분봉

선물에서 다중 바닥이 발생하자 저항의 역할인 60분선에서 잠시 공방을 벌이다 돌파하고 N자형으로 상승을 이어간 장세였습니다. 정확히 대등수치가 완성된 것이 보입니다. 대등수치는 비교적 신뢰도가 높은 패턴으로 목표치를 설정하는 데 유용하게 쓰입니다.

차트를 알면 보이는 위클리 옵션

③ 콜 옵션의 시세

다음의 표에서 2.50포인트의 동일한 상승을 했지만, 상승에 소요된 시간이 각각 90분, 3시간 10분이 소요되자 수익률에서 각각 13.5배, 8.5배로 상당한 차이가 발생했습니다. 그 이유는 선물의 상승 폭이 같아도 짧은 시간에 상승하게 되면 옵션의 시간가치 감소의 영향이 상대적으로 작기 때문입니다. 만기까지 3시간 10분이 남아 있는 12:10에 선물이 300.90을 찍을 때 콜302는 1외가로 0.04의 프리는 선물이 조금만 반등해도 등가에 근접해 시세가 나올 수 있는 가격이었습니다. 선물이 303.40을 찍었을 때 콜302는 내재가치가 있는 등가 옵션으로 바뀌면서 시세가 발생했던 것입니다. 등가에 근접한 옵션이 시간가치가 거의 없다면 아주 매력적인 가격이 됩니다. 결제될 가능성이 급격히 커지기 때문입니다.

시간	선물	콜302	시간	선물	콜302
10:00	299.70	0.02	12:10	300.90	0.04
11:30	302.20	0.29	15:20	303.40	0.38
90분	2.50 상승	13.5배	3시간 10분	2.50 상승	8.50배

15. 위클리 옵션 **18주 차**

5영업일 중 3일간 시세가 발생했고 콜 옵션에서 21.7배, 풋 옵션에서 11배의 시세가 발생한 위클리 옵션이었습니다.

1) 2020. 01. 21 화 위클리 옵션 18주 차

① 선물 일봉

대등수치를 완성(N자형 상승)하고 장볼 상단까지 밀린 진폭 4.45 포인트의 음봉입니다. 대등수치는 목표가를 설정하는 데 상당히 유용합니다. 실제에서는 2틱의 차이로 상당히 근접한 수치입니다. 일봉상 장볼 상단을 돌파하거나 이탈할 경우 N자형이 자주 발생하는데, 이때 대등수치로 목표치를 설정하면 대부분 오차범위 안에 들어오게 됩니다.

② 선물 10분봉

전일의 조정을 이어간 장세로 60분선을 힘없이 이탈해 장볼 하단까지 밀려 종가=저가의 형태로 마감했습니다. 일반적으로 갭은 갭으로 메우거나 장대봉으로 메우는 경우가 많은데, 전일의 상승 갭을 장대음봉으로 메운 형태였습니다. 그리고 올라오는 60분선은 대부분 지지의 역할을 하기 때문에 이를 이탈할 때 장대음봉으로 붕괴시키는 경우가 자주 나옵니다.

③ 풋 옵션 시세

만기를 이틀 남긴 시점에서 선물의 종가가 302로 마감해 풋297
은 2외가가 되면서 11배의 시세가 발생했습니다. 풋 옵션은 특히
폭락할수록 외가 옵션의 수익률이 기하급수적으로 커지는 특성이
있어 행사가 선정은 중요한 수익의 요소가 됩니다. 이와 같은 옵션
의 특성을 이용해 외인들은 옵션에서 최대의 수익을 내기 위한 포
지션을 취하는 경우가 왕왕 있습니다. 예를 들어 풋302를 100만 원
어치 매도하고 풋297을 100만 원어치 매수하면, 풋302에서는 445
만 원 손실을 보지만, 풋297에서는 1,100만 원의 수익이 발생합니
다. 이 포지션의 장점은 예상과 달리 급상승하더라도 풋 옵션 매도
가 있어 완벽한 헤지가 되며, 풋 옵션 매수가 있어 풋 옵션 매도에
대한 증거금이 거의 들어가지 않습니다. 선물에서 급락이 나올 때
외인의 풋 옵션이 금액으로 매도, 수량으로 매수라면 추가 하락할

확률이 높아지니 참고하시기 바랍니다.

시간	선물	풋302	풋300	풋297
10:00	306.45	0.44	0.14	0.03
15:45	302.00	2.03	0.91	0.36
3시간 45분	4.45 하락	3.61배	5.50배	11.00배

2) 2020. 01. 22 수 위클리 옵션 18주 차

① 선물 일봉

전일의 음봉을 전부 감싸 안은 형태의 진폭 5.60포인트의 양봉입니다. 이러한 형태의 봉은 교과서적으로는 추가 상승이 가능한 형태이나, 장볼 상단에서 발생한다면 조심해야 합니다. 음양음양의 형태이기 때문입니다.

② 선물 10분봉

전일의 흐름과 달리 20분선의 지지를 확인하자 저항의 역할을 하는 60분선을 바로 돌파하고 장볼 상단까지 상승 흐름을 이어 나간 장세였습니다.

③ 콜 옵션 시세

옵션의 시간가치 감소는 영업시간이 마감해도 진행되어 다음 날 장이 시작되면 이를 감안해 시작하는 것이 일반적입니다. 야간에 특이한 상황이 발생하지 않으면 외가 콜 옵션은 시간가치 감소분 만큼 하락해 출발합니다. 따라서 옵션 매수는 항상 시간가치인 프리의 감소를 예상하고 오버를 해야 합니다. 전일 선물은 282, 콜305는 0.31, 콜307은 0.06으로 마감한 상태였습니다. 당일 장이 시작되고 선물이 고작 0.65포인트 하락했지만, 콜305와 콜307은 0.17, 0.03으로 거의 반 토막이 나오고 나서야 시세가 나왔습니다. 그럼에도 옵션을 매수해 오버하는 것은 드물게 나오는 큰 폭의 시세를 바라기 때문입니다. 하지만 웬만한 갭의 움직임은 옵션 매수를 해서 수익이 나지 않습니다.

시간	선물	콜305	콜307
09:00	301.35	0.17	0.03
15:35	306.95	2.01	0.68
6시간 35분	5.60 상승	10.82배	21.7배

3) 2020. 01. 23 목 위클리 옵션 18주 차 만기일

① 선물 10분봉

장볼 상단의 저항으로 갭 하락해 출발한 선물은 추가 하락한 후 반등에 성공했지만 내려오는 20분선의 저항으로 다시 반락했고 저점을 낮추는 흐름을 보이면서 마감한 장세였습니다.

② 옵션의 시세

9:30~10:40까지 70분간 302.65~305.05까지 2.40포인트 상승하면서 콜305는 0.14~0.49까지 2.5배의 시세가 나왔고, 바로 이어서 풋 옵션에서 옆줄이 발생했습니다. 10:40~12:20까지 1시간 40분간 305.05~302.95까지 2.10포인트 하락하면서 풋302는 0.14~0.66까지 3.71배의 시세가 발생한 만기였습니다.

16. 위클리 옵션 **19주** 차

3영업일 중 만기일에 풋 옵션에서 72.75배의 큰 시세가 발생한 위클리 옵션이었습니다.

1) 2020. 01. 30 목 위클리 옵션 19주 차 만기일

① 선물 일봉

진폭 6.80포인트의 음봉입니다. 3일간 봉의 형태를 보면 음봉이 나오고 도지음봉, 그리고 장대음봉이 나온 형태입니다. 이러한 형태는 하락이 진행될 경우 자주 나오는 패턴으로 기억해둬야 합니다. 징검다리 식의 하락으로 3일 째는 장대음봉이 자주 발생합니다. 또한 5일선(자주색)을 보면 11월 초부터 12월 초까지 헤드앤숄더가 완성되었고, 현재는 307.95의 고점을 찍은 후 5일선이 내려오고 있는 상황입니다. 이런 경우에는 항상 대칭으로 장을 예측하는 것이 좋습니다. 기술적 반등이 나오고 다시 밀리게 되면, 큰 형태의 헤드앤숄더가 완성되기 때문입니다. 일봉 역시 장볼 상단과 하단을 왕복합니다. 2019년 8월 5일 장볼 하단을 이탈하는 가격조정을 보이고 1달간 기간조정을 받고 상승추세로 돌아선 후 2020년 1월 20일까지 거의 6개월간을 상승했습니다. 이럴 경우 60일선을 지지받고 올라온 학습효과로 인해 60일선을 지지할 것이라는 믿음이 강해집니다. 그래서 60일선을 이탈하더라도 60일선을 다시 회복할 확률은 아주 높습니다. 지금까지 상승을 주도한 세력들이 외봉으로 장을 하락시킬 확률이 작기 때문입니다. 그래서 반등이 나올 경우 어디까지 오를지 설정하는 것이 중요합니다. 주의할 점은 선물 역시 레버리지가 있어 메이저가 휩소(Whipsaw, 속임수)성 장대 봉으로 흔들어대면 장을 올바르게 봐도 일시적인 손실의 확대로 포지션을 청산할 가능성이 아주 크다는 점입니다. 하지만 헤드엔숄더는 예측이 맞을 경우 옵션에서 수백 배의 수익이 나올 수 있기 때문에 5일선의 흐름이 상승이나 하락 중인지가 중요합니다.

② 선물 10분봉

장볼의 폭이 축소된 상태에서는 그 폭이 확대되려는 속성이 강해집니다. 큰 폭으로 선물이 하락하게 되면 장볼의 하단은 올라오던 방향에서 우 하향으로 방향을 틀고, 장볼의 상단은 내려오던 방향에서 올라가는 방향으로 바뀌면서 자연스럽게 장볼의 폭이 확대되는 과정을 밟게 됩니다. 다음 차트에서 장볼의 폭이 축소된 후 장볼의 폭이 자연스럽게 확대되는 것이 보입니다.

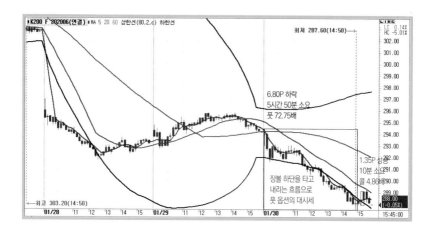

③ 풋 옵션의 시세

만기일인 선물의 시가는 294.00으로 전일보다 0.15포인트 하락해 출발했는데도 풋290의 시가는 전일보다 22틱이나 폭락한 0.07로 시작했습니다. 2외가 옵션의 시간가치 감소로 급락 출발했기 때문입니다. 그리고 장 초반 선물이 고점인 294.40포인트까지 0.25포인트 오르자 풋290은 0.07에서 0.04로 추가 하락했습니다. 마찬가지로 풋287은 전일 종가가 0.08이었고, 시가는 0.01로 하한가에서 시작했습니다. 결론부터 말하면 풋 옵션에서 말하는 대박은 모두 0.10 미만에서 발생합니다. 즉, 갭을 동반하지 않은 보합권에서 출발할 때 시간가치 감소로 프리가 말라비틀어질 정도로 심한 눌림을 받아야 대박이 터질 확률이 높아집니다.

만기일이라도 옵션에서 결제를 받을 생각이 아니라면, 장 초반 진입시점에는 2~3외가 옵션의 매수가 가성비가 좋습니다. 그 이유는 감마효과 때문입니다. 선물이 고점 294.40을 찍을 때 풋290은 2외가 옵션이었고, 프리는 고작 0.04에 불과했다는 사실입니다. 돌려 말하면 0.04에 매수해서 손실이 나봤자 4틱이 전부라는 것입니다. 옵션은 선물과 달리 Blash(Buy low and sell high) 전략이 정답입니다. 추세가 나오더라도 시간가치 감소로 눌림을 받을 확률이 압도적으로 높기 때문에 철저히 저점 매수의 타이밍을 노려야 합니다. 장 초반이면 만기까지 6시간이 넘는 시간이 있어 옵션의 시세가 나올 자리를 끈기 있게 기다리면 됩니다. 옵션은 기다림의 미학입니다.

시간	선물	풋292	풋290	풋287	풋285
09:00	294.40	0.34	0.04	0.01	0.01
14:50	287.60	5.31	2.95	0.65	0.05
5시간 50분	6.80 하락	14.60배	72.75배	64.00배	4.00배

17. 위클리 옵션 20주 차

5영업일 중 5일 연속 시세가 발생했고, 콜300에서 70배, 풋267에서 15.5배의 큰 시세가 발생한 위클리 옵션이었습니다.

1) 2020. 01. 31 금 위클리 옵션 20주 차

① 선물 일봉

2.75포인트의 갭 상승을 동반한 진폭 6.70포인트의 음봉입니다. 연속으로 4개의 음봉이 발생한 상태로 60일선을 이탈 마감해 기술적으로 추가 하락의 확률이 높습니다. 주식의 개별 종목에서도 하락추세에서 이러한 형태가 자주 발생합니다. 장 초반은 상승 출발하고 이후 상승분을 반납하고 밀리면서 음봉으로 마감하는 형태입니다. 일종의 희망고문입니다. 다만 이동평균선인 60일선이 우상향 중인 상태에서는 60일선을 회복하려는 시도가 나오기 때문에 봉의 형태를 보고 판단해야 합니다.

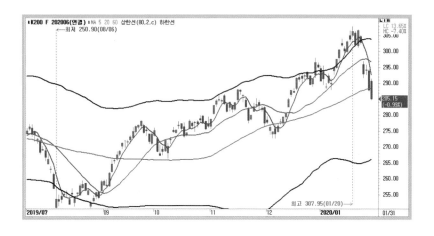

② 선물 10분봉

갭 상승해 출발하고 20분선까지 반락한 후 반등했지만, 60분선의 저항으로 전일의 종가를 이탈하자 급하게 밀린 형태로 하락추세에서 나타나는 패턴입니다.

③ 풋 옵션의 시세

만기까지 시간이 많이 남아 있을수록 외가 옵션 매수가 효율적입니다. 풋267은 결제될 확률이 가장 희박해도 수익률은 가장 높습니다. 이러한 점에 착안해 외인들은 급한 하락이 예상되면 풋백스프레드(Put back spread ratio) 전략을 주로 사용합니다. 이 전략은 비싼 옵션을 매도하고 상대적으로 싼 옵션을 더 많이 매수하는 전략입니다. 다음의 표에서 풋275를 0.12에 10계약 매도하고 풋267을 0.02에 60계약 매수를 하면, 동일한 금액으로 진입한 풋백스프레드가 됩니다. 이 전략의 장점은 급락이 나올 때 변동성이 상승해 큰 수익이 발생합니다. 또한 예상과 달리 반등이 나왔을 때는 일정 부분 손실을 줄일 수 있는 이점도 있습니다. 단점은 완만하게 하락하면 매수한 옵션에서 시간가치의 감소가 급하게 나와 손실이 커지는 점입니다. 이 부분은 중요한 전략이라 내용을 이해하시는 것이 좋습니다.

시간	선물	풋275	풋272	풋270	풋267
10:20	291.50	0.12	0.07	0.05	0.02
15:35	284.80	0.81	0.60	0.44	0.33
5시간 15분	6.70 하락	5.75배	7.57배	7.80배	15.50배

2) 2020. 02. 03 월 위클리 옵션 20주 차

① 선물 일봉(2020. 05. 13 수 참조)

3.25포인트의 갭 하락을 동반한 진폭 6.15포인트의 양봉입니다. 갭 하락하고 난 후 아래 꼬리를 단 양봉은 비교적 발생빈도가 높은 형태로 기억해두면 유용한 패턴입니다.

② 선물 10분봉

3.20포인트의 갭 하락으로 출발한 선물은 장볼 하단을 이탈한 상태에서 기간조정을 보인 후 6.05포인트의 급등을 하고, 장 마감까지 지루한 횡보를 하면서 이평의 수렴이 완성된 상태로 마감했습니다.

③ 콜 옵션 시세

옵션의 시세는 가능성에 의해 발생하는데 콜297의 경우 결제될 확률은 희박해도 만기까지 3일하고도 4시간 이상의 시간이 있는 상태입니다. 즉, 그때까지 충분히 도달할 가능성이 존재해 9배의 시세가 발생했던 것입니다.

시간	선물	콜290	콜292	콜295	콜297
09:30	280.60	0.19	0.07	0.03	0.01
11:00	286.65	1.14	0.55	0.23	0.10
90분	6.05 상승	5.00배	6.85배	6.67배	9.00배

3) 2020. 02. 04 화 위클리 옵션 20주 차

① 선물 일봉

진폭 6.20포인트의 양봉입니다. 60일선을 강하게 돌파 마감해 추가 상승의 확률이 높아진 상태입니다.

② 선물 10분봉

이평의 수렴이 완성되자 장볼 상단 부근까지 꾸준히 반등을 이어
나간 장세였습니다. 이평의 수렴은 하나의 새로운 추세가 시작되
는 변곡점이 되기도 합니다.

③ 콜 옵션의 시세

만기까지 이틀이 남은 상태에서 콜300까지도 시세가 나왔습니다. 하지만 상승률은 콜297이 10.5배, 콜300은 6배입니다. 이틀간 선물이 280.50~291.40까지 10.90포인트가 오르자 시장 참여자들은 추가 상승을 하더라도 제한적인 상승으로 보았기 때문에 콜297의 상승률이 더 높았습니다.

시간	선물	콜292	콜295	콜297	콜300
09:00	285.20	0.25	0.08	0.02	0.01
13:40	291.40	1.46	0.64	0.23	0.07
4시간 40분	6.20 상승	4.84배	7.00배	10.50배	6.00배

4) 2020. 02. 05 수 위클리 옵션 20주 차

① 선물 일봉

2.90포인트의 갭 상승을 동반한 진폭 3.80포인트의 아래 꼬리 단 상승형 음봉입니다. 이러한 형태는 음봉이라도 이격조정을 위한 쉬어가는 단계로 인식하는 것이 좋습니다.

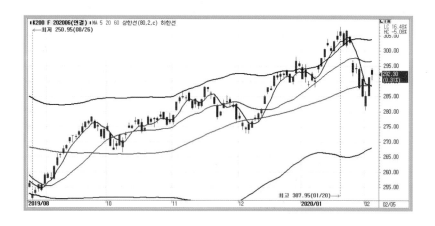

② 선물 10분봉

갭 상승했지만 장볼 상단의 저항으로 밀린 형태입니다. 20분선이 우상향 상태에서 반등을 시도했지만 실패하고 60분선을 잠시 이탈한 후 반등해 60분선 부근에서 마감한 장세였습니다.

③ 풋 옵션의 시세 1

시간	선물	풋287	풋285
09:10	294.30	0.22	0.08
10:40	290.75	0.83	0.38
90분	3.55 하락	2.77배	3.75배

④ 풋 옵션의 시세 2

장 초반 선물이 3.55포인트 하락하자 풋287은 0.83까지 61틱이 상승했지만, 13:00에 선물이 293.60으로 2.85포인트 상승하자 0.18까지 65틱이나 하락했습니다. 그리고 다시 3.10포인트 하락하자

14:50경까지 0.65로 47틱이 반등했습니다. 이것으로 알 수 있는 것은 옵션의 가격은 심하게 요동치는 와중에도 시간가치의 감소가 지속적으로 이루어진다는 것입니다. 따라서 옵션 매수를 추격 매수할 경우에는 큰 손실로 이어질 확률이 높아집니다. 항상 Blash하게 거래해야 합니다.

시간	선물	풋287	풋285
13:00	293.60	0.18	0.06
14:50	290.50	0.65	0.24
110분	3.10 하락	2.61배	3.00배

⑤ 콜 옵션의 시세

풋 옵션의 시세에 이어 콜 옵션에서 옆줄이 발생했습니다. 옆줄의 시세는 자주 발생합니다(통계 옆줄의 빈도 참조).

시간	선물	콜295	콜297
14:50	290.50	0.12	0.02
15:45	292.30	0.31	0.06
55분	292.30	1.58배	2.00배

5) 2020. 02. 06 목 위클리 옵션 20주 차 만기일

① 선물 일봉

3.10포인트의 갭 상승을 동반한 진폭 6.65포인트의 양봉입니다. 20일선을 강하게 돌파하고 마감했지만, 5일선과의 이격이 심해 이

격조정이 필요한 상태입니다. 또한 이격조정을 마치고 5일선이 꺾일 경우 헤드앤숄더가 될 가능성을 염두에 둬야 합니다.

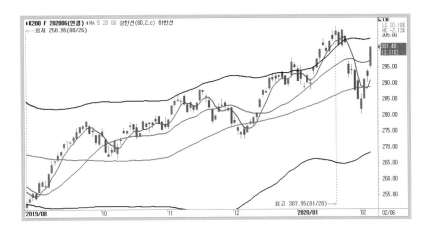

② 선물 10분봉

장볼 상단 위에서 출발해 장볼 상단을 타고 하루 종일 상승한 드문 케이스입니다. 보통 장이 강하더라도 20분선까지 조정이 나오고 추가 상승하는 것이 일반적이기 때문입니다.

③ 콜 옵션의 시세

콜300의 70배의 시세에 비해 콜295의 시세가 6.75배에 불과한 이유는 외가 옵션이 내가 옵션으로 바뀌게 되면 옵션의 델타값은 점점 1에 가까워져 옵션의 가격흐름이 선물의 흐름과 같아지기 때문입니다. 즉, 레버리지가 선물과 같아지기 때문에 외가 옵션처럼 큰 시세가 나오지 않는 것입니다. 같은 100만 원을 투자하더라도 콜295는 675만 원의 수익이지만 콜300의 수익은 7,000만 원으로 행사가에 따라 수익의 차이가 극명하게 갈립니다. 따라서 행사가 선정은 그 무엇보다 중요합니다.

시간	선물	콜295	콜297	콜300	콜302
09:00	294.75	0.80	0.17	0.02	0.01
14:40	301.35	6.20	3.70	1.42	0.17
5시간 40분	6.60 상승	6.75배	20.76배	70.00배	16.00배

18. 위클리 옵션 **21주 차**

5영업일 중 3일간 시세가 발생했고 콜307에서 6배, 풋300에서 7.83배의 시세가 발생한 위클리 옵션이었습니다.

1) 2020. 02. 12 수 위클리 옵션 21주 차
① 선물 일봉
0.50포인트의 갭 하락을 동반한 진폭 4.30포인트의 양봉입니다.

② 선물 10분봉

일시적으로 60분선을 이탈했으나 저점을 높이는 형태로 60분선을 회복하고 이어 장볼 상단까지 반등해 마감한 장세였습니다. 올라오는 60분선은 처음에는 지지의 역할을 하기 때문에 잠시 이탈하더라도 회복하는 경우가 많습니다.

③ 콜 옵션의 시세

만기가 하루 남은 상태에서 1외가와 2외가로 한 행사가의 차이지만 수익률의 차이가 큰 것을 알 수 있습니다.

시간	선물	콜305	콜307
12:00	298.80	0.13	0.03
14:10	301.90	0.59	0.21
2시간 10분	3.10 상승	3.54배	6.00배

2) 2020. 02. 13 목 위클리 옵션 21주 차 만기일

① 선물 일봉(2020. 01. 14 화/ 2020. 05. 28 목/ 2020. 06. 04 목 참조)

1.00포인트의 갭 상승을 동반한 진폭 4.45포인트의 위 꼬리 단 음봉입니다. 이러한 형태는 적삼병이 발생하고 나서 다음 날 갭 상하고 추가로 상승한 후 밀리는 형태로 조심해야 할 패턴입니다. 그리고 5일선이 옆으로 누운 형태인데 여기서 추가로 하락하게 되면, 5일선이 꺾이면서 오른쪽 어깨가 완성되고 밀리는 헤드앤숄더가 될 수 있어 조심해야 됩니다.

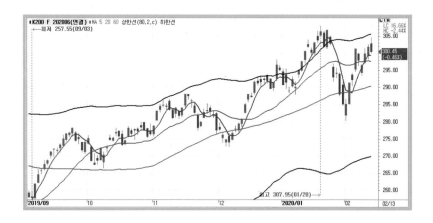

② 선물 10분봉

장볼 상단 위에서 추가 반등을 시도했지만 번번이 밀려 삼봉의
형태가 완성되자 반락해 마감한 장세였습니다. 직관적으로 삼봉의
형태입니다. 그리고 마감 즈음에 20분선과 60분선의 데드크로스가
발생하고 마감해 추가로 하락할 확률이 높아 보입니다.

③ 콜 옵션의 시세

선물이 09:17에 고점인 304.55를 찍었을 때 콜302의 가격은 2.38
이었습니다. 그리고 43분 만인 10:00에 선물이 302.35로 2.20포인
트가 하락하자 197틱이나 급락해 0.41까지 밀린 상태였습니다. 이
후 선물이 304.50까지 2.15포인트 반등해 1틱 모자란 제자리에 왔
어도 콜302는 0.99로 시간가치가 1.39포인트나 증발했습니다. 이
렇게 시간가치 감소의 위력은 대단합니다. 콜305 역시 선물이 고점
일 때 0.99에서 0.10으로 89틱이 하락했고, 선물이 거의 제자리까
지 반등했어도 0.32까지 반등해 고점이었던 0.99와는 67틱의 차이

가 발생했습니다. 이 차이가 모두 시간가치의 감소입니다.

시간	선물	콜302	콜305
10:00	302.35	0.41	0.10
11:00	304.50	0.99	0.32
60분	2.15 상승	1.40배	2.20배

④ 풋 옵션의 시세

만기가 많이 남아 있다면 풋297의 수익률이 풋300보다 높을 것입니다. 하지만 만기가 80분 남아 있는 상황에 이미 3.45포인트가 하락한 상태에서 풋297이 등가가 되려면 3.5포인트 이상 추가 하락해야 합니다. 즉, 그런 확률이 작기 때문에 풋300의 수익률이 좋았던 것입니다.

시간	선물	풋300	풋297
11:50	304.45	0.06	0.01
14:00	301.00	0.53	0.07
2시간 10분	3.45 하락	7.83배	6.00배

19. 위클리 옵션 **22주** 차

5영업일 중 4일간 시세가 발생했고 만기일 풋 옵션에서 71배, 콜 옵션에서 10배의 큰 시세가 발생한 위클리 옵션이었습니다.

1) 2020. 02. 14 금 위클리 옵션 22주 차

① 선물 일봉

진폭 5.20포인트의 양봉으로 5일선은 다시 우상향 상태로 전환되 었습니다. 진폭이 점차 확장되는 추세로 장볼 상단에서 이러한 현 상은 주의해야 합니다.

② 선물 10분봉

약보합 출발해 밀린 후 외 바닥으로 반등한 보기 드문 케이스의 장세였습니다. 전일 삼봉의 자리였던 곳까지 상승하고, 이후 이격 조정 성격의 횡보를 보인 장세였습니다.

③ 콜 옵션의 시세

선물이 고점인 304.40을 찍었을 때 콜315는 6외가 옵션에서 4외가 옵션으로 바뀐 상태로 수익률이 가장 좋습니다. 예상을 벗어난 외 바닥으로 상승해 시간가치의 영향을 덜 받았고 만기까지 잔존기간이 많이 남아 있었기 때문입니다. 이처럼 행사가를 선정할 때는 만기까지의 시간과 결제 가능성, 프리의 수준 등을 따져 행사가를 선택해야 합니다.

시간	선물	콜307	콜310	콜312	콜315
09:30	299.20	0.33	0.15	0.06	0.02
12:10	304.40	1.33	0.72	0.35	0.17
2시간 40분	5.20 상승	3.03배	3.80배	4.83배	7.50배

2) 2020. 02. 18 화 위클리 옵션 22주 차

① 선물 일봉

1.95포인트의 갭 하락을 동반한 진폭 3.85포인트의 음봉입니다. 20일선 부근에서 마감하고 5일선이 다시 꺾인 상태로 추가 하락의 확률이 높은 형태입니다. 이로 미루어 2020. 02. 14 금에 발생한 양봉은 속임수 양봉임을 알 수 있습니다.

② 선물 10분봉(2020. 02. 14 금 참조)

1.95포인트의 갭 하락으로 장볼 하단을 이탈해 시작한 선물은 장볼 하단을 회복하지 못한 상태에서 저점을 낮추는 흐름을 이어 나간 장세였습니다. 전일 3번의 이평의 수렴은 큰 추세가 나오기 전에 나오는 신호로 위아래 모두 열어 놓고 대응해야 하는 장세였습니다. 통상 갭 하락으로 장볼 하단을 이탈할 경우 일시적으로 장볼을 회복하는 경우가 많습니다. 하지만 반등의 강도가 약하다면 추가 하락을 염두에 둬야 합니다. 3번이나 이평의 수렴이 완성되었기

때문입니다. 횡보가 길면 추세가 깁니다.

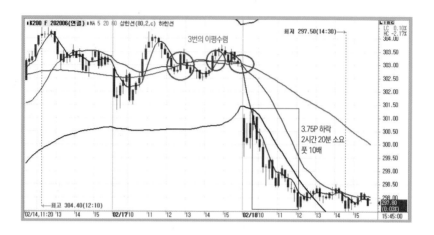

③ 풋 옵션의 시세

외가 옵션일수록 수익률이 높지만 풋287과 풋285의 수익률의 차
이가 큰 것이 보입니다. 풋287과 풋285의 저점이 모두 0.01이었기
때문입니다.

시간	선물	풋292	풋290	풋287	풋285
09:40	301.35	0.14	0.05	0.01	0.01
12:00	297.60	0.48	0.22	0.11	0.05
2시간 20분	3.75 하락	2.43배	3.40배	10.00배	4.0배

3) 2020. 02. 19 수 위클리 옵션 22주 차

① 선물 일봉

1.95포인트의 갭 상승을 동반한 진폭 4.70포인트의 아래 꼬리가 긴 음봉입니다. 20일선을 일시적으로 이탈하자 반발 매수세가 들어온 형태입니다. 20일선이 완만하게 아래로 꺾인 모습으로 20일선에서 쌍봉의 모습이 될 수 있어 조심해야 할 패턴입니다.

② 선물 10분봉

60분선이 내려오고 있을 때는 60분선은 저항이 됩니다. 60분선을 잠깐 회복했지만 저항으로 되밀리면서 장볼 하단까지 밀린 후 60분선까지 반등을 하고, 기간조정 성격의 횡보로 마감한 장세였습니다.

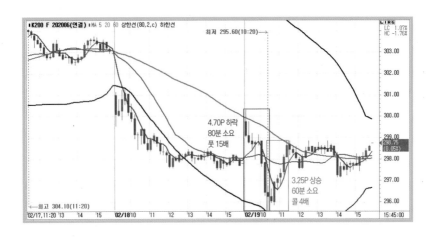

③ 풋 옵션의 시세

옵션은 죽어야 사는 생물입니다. 풋287이 0.01~0.12까지 11배의 시세를 주었지만 전일의 종가는 0.10이었습니다. 전일 종가에 매수했다면 마음고생만 했을 상황이었습니다. 1.95포인트의 갭 상승으로 장이 시작하면서 풋287은 시가 0.03에서 0.01까지 밀린 후 0.12까지 시세를 주었던 것입니다. 풋290 역시 0.02~0.32까지 15배의 시세를 주었지만, 전일의 종가는 0.22였고, 시가는 0.05에서 0.02까지 밀린 후에야 시세를 준 것입니다. 이처럼 옵션은 비싸게 매수한 사람들이 손절할 때까지 눌림을 준 후에야 시세를 주는 경우가 다반사입니다.

시간	선물	풋292	풋290	풋287	풋285
09:00	300.30	0.09	0.02	0.01	0.01
10:20	295.60	0.74	0.32	0.12	0.04
80분	4.70 하락	7.22배	15.00배	11.00배	3.00배

④ 콜 옵션의 시세

풋 옵션의 시세가 나오고 나서 콜 옵션에서 옆줄이 발생했습니다. 많이 발생하는 패턴입니다. 이러한 터닝 포인트(Turning point)는 맞출 경우 큰 수익으로 이어지기에 평소 어디서 터닝 포인트가 발생하는지 세심한 관찰이 필요합니다. 예를 들어 풋290에 100만 원을 베팅해 15배가 되면 1,600만 원이 되고 이 금액을 콜305에 베팅했다면 8,000만 원이 되어 원금 대비 79배의 수익률이 됩니다. 실제에서도 이러한 변곡점을 잡아 큰 수익을 올렸다는 인증 샷이 심심치 않게 올라오는 것을 볼 수 있습니다.

시간	선물	콜300	콜302	콜305
10:20	295.60	0.28	0.06	0.01
11:20	298.85	0.91	0.27	0.05
60분	3.25 상승	2.25배	3.50배	4.00배

4) 2020. 02. 20 목 위클리 옵션 22주 차 만기일

① 선물 일봉

1.90포인트의 갭 상승을 동반한 진폭 6.25포인트의 아래 꼬리 단음봉입니다.

② 선물 10분봉

일봉상 연속된 음봉의 출현은 저항을 의미합니다. 이것을 10분봉과 연관시키면 일시적으로 장볼 상단을 돌파했어도 이것이 추세적인 상승을 의미하는 것이 아니기 때문에 하방으로 포지션을 구축해야 합니다. 다음 차트는 장볼 상단의 저항을 확인하고 장볼 하단까지 밀린 전형적인 하락의 패턴입니다. 이후 장볼 하단에서 반등했지만 강도는 약해 60분선에서 다시 반락해 마감한 장세였습니다.

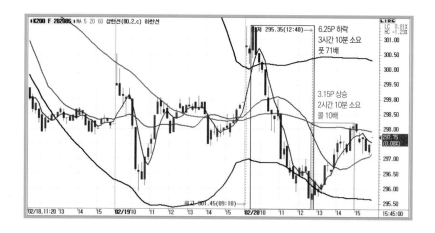

③ 풋 옵션의 시세

만기일 풋295는 71배의 엄청난 시세를 주었지만 전일 종가인 0.38과 비교하면 1배의 시세도 주지 못한 것입니다. 그리고 시가 0.08에서 추가 하락해 0.01을 찍고 반등해 대시세를 준 케이스입니다. 옵션은 죽어야 사는 생물이라고 했습니다. 따라서 옵션의 매수는 얼마나 싸게 사서 얼마나 비싸게 파는지가 주요 포인트가 되는 것입니다. 풋 옵션에서 큰 시세가 나오는 과정은 전일의 종가 대비 몇 토막 난 상태에서 출발한 후 빠른 시간 내에 추가 하락하는 과정을 겪어야 큰 추세가 나오게 됩니다.

시간	선물	풋297	풋295	풋292
09:30	301.30	0.09	0.01	0.01
12:40	295.05	2.75	0.72	0.13
3시간 10분	6.25 하락	29.56배	71.00배	12.00배

④ 콜 옵션의 시세

풋 옵션의 시세가 나오고 바로 연속해 콜 옵션에서 옆줄이 발생해 콜297에서 10배의 시세가 발생했습니다. 연속되어 나오는 시세는 왕왕 발생하지만 풋295에서 71배의 큰 시세를 주고 콜297에서 10배나 되는 옆줄의 시세가 나온 것은 상당히 드문 케이스입니다. 풋295에 100만 원을 매수했다면 7,200만 원이 되고 이를 다시 콜297에 베팅했다면 총금액이 무려 7억 2,900만 원이나 되어 728배의 수익률이 됩니다.

시간	선물	콜295	콜297
12:40	295.05	0.63	0.05
14:50	298.20	3.15	0.55
2시간 10분	3.15 상승	4.00배	10.00배

20. 위클리 옵션 23주 차

5영업일 중 5일간 시세가 발생했고 풋272에서 10.5배, 콜305에서 4.5배의 시세가 발생한 위클리였습니다.

1) 2020. 02. 21 금 위클리 옵션 23주 차

① 선물 일봉

5.30포인트의 갭 하락을 동반한 진폭 3.45포인트의 위 꼬리 긴 음봉입니다. 60일선에서 마감했지만 5일선과 20일선이 모두 급하게 꺾인 상태로 60일선의 지지를 장담하기 어려운 형태입니다.

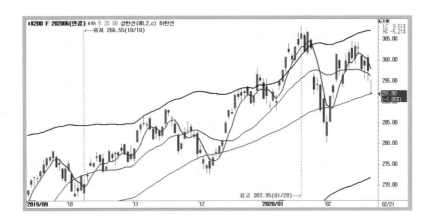

② 선물 10분봉

장볼 하단까지 반등을 한 후 장볼 하단을 타고 밀리는 모습이었습니다. 이후 반등을 모색했지만 내려오는 20분선의 저항으로 흘러내려 시가 부근에서 마감한 장세였습니다. 큰 갭 하락으로 장볼 하단을 심하게 이탈한 상태에서는 반발성 매수가 들어와 일정 부분 반등이 나오더라도 추세를 되돌릴 수는 없습니다. 이 경우 반등 목표치를 장볼 하단으로 설정하는 것이 좋습니다.

③ 콜 옵션의 시세

옵션의 시세는 선물의 폭도 중요하지만 단위시간당 변동 폭이 커야 시세가 나옵니다. 장볼 하단을 이탈한 상태에서 빠르게 장볼 하단을 회복했기 때문에 콜 옵션의 시세가 나왔습니다.

시간	선물	콜300	콜302	콜305
09:00	291.80	0.40	0.16	0.06
10:10	295.25	1.22	0.67	0.33
70분	3.45 상승	2.05배	3.18배	4.50배

2) 2020. 02. 24 월 위클리 옵션 23주 차

① 선물 일봉

5.70포인트의 갭 하락을 동반한 진폭 5.65포인트의 음봉입니다. 5일선과 20일선의 데드크로스와 5일선과 60일선의 데드크로스가 임박한 상태입니다. 일봉의 형태는 쌍 바닥의 모습이지만 5일선에서 헤드앤숄더가 진행되고 있어 추가 하락의 확률이 높은 모습입니다.

② 선물 10분봉

5.70포인트의 과도한 갭 하락이 발생했지만 매수세의 실종으로 하루 종일 흘러내리는 장세였습니다. 이럴 경우 하락각도는 완만해지는 것이 특징입니다. 가격조정이 심해 이격이 과해졌기 때문입니다. 즉, 장볼 하단은 급하게 내려가고 10분봉의 하락각도는 완만해지면서 자연스럽게 장볼 하단 안으로 복귀를 하게 됩니다. 그리고 급한 각도로 내려오는 20분선의 기울기가 완만해지면서 10분봉과 만나게 되지만 여전히 20분선은 저항의 역할을 하는 경우가 많습니다. 상승추세는 이와 반대로 움직입니다.

③ 풋 옵션의 시세

5.65포인트의 하락에도 불구하고 풋 옵션의 시세가 1.38배에 불과한 이유는 행사가의 개수 때문입니다. 풋 옵션에서 큰 시세는 통상 0.10 미만에서 나오는데, 막내인 풋272의 저가는 0.42로 큰 시세가 나오기 어려운 구조였습니다. 다시 설명하면 1.00이 11.00으

로 10배 되기는 아주 어렵지만, 0.01이 0.11으로 10배 오르는 것은 순간적으로 나올 수 있습니다. 뼈만 남은 돼지를 살찌우는 것은 쉽지만, 뚱뚱한 돼지를 더 살찌우기는 아주 어려운 것과 같습니다.

위클리 옵션의 신규 상장 기준은 종가 기준으로 등가에서 20포인트까지 생깁니다. 전일 종가의 코스피200은 292.42로 행사가 272까지 신규 상장되었습니다. 만일 신규 상장 기준이 월물(Monthly) 옵션처럼 40포인트였다면 풋 옵션의 행사가는 252까지 상장되었을 것이고, 풋252는 수십 배 이상의 시세가 나왔을 것입니다. 당일 종가의 코스피200은 281.02로 다음 날 행사가 260까지 신규 상장됩니다.

시간	선물	풋280	풋277	풋275	풋272
09:00	286.65	1.36	0.95	0.68	0.42
15:20	281.00	2.96	2.11	1.47	1.00
6시간 20분	5.65 하락	1.17배	1.22배	1.16배	1.38배

3) 2020. 02. 25 화 위클리 옵션 23주 차

① 선물 일봉

1.15포인트의 갭 하락을 동반한 진폭 5.05포인트의 양봉입니다. 간혹 이동평균선이 데드크로스 나면서 장대양봉이 나오는 경우가 있는데, 이는 개인의 심리를 이용한 휩소일 수 있어 주의해야 합니다(또는 골든크로스일 때 장대음봉).

② 선물 10분봉

1.15포인트의 갭 하락으로 출발했지만 내려오는 60분선까지 반등한 후 횡보를 하면서 완만하게 반등하면서 마감한 형태입니다. 형태상으로는 이동평균선이 정배열되어 긍정적으로 보이지만 일봉상으로는 역배열 상태로 하방의 확률이 더 높습니다.

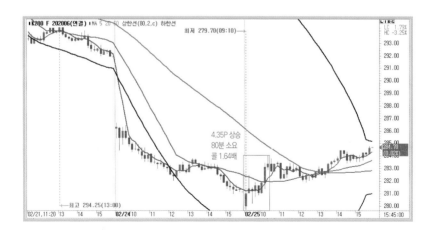

③ 콜 옵션의 시세

4.35포인트의 상승에 콜 옵션의 시세가 2배 미만인 것은 특이한 케이스입니다. 이러한 현상은 옵션의 프리가 고평가되었을 때 나타납니다. 옵션의 프리는 시간가치로만 형성된 맥주의 거품 같은 것으로 시간이 지날수록 꺼지게 됩니다. 왜냐하면 만기에 시간가치는 0이기 때문입니다. 전일 종가의 등합은 7.61로 평소보다 높은 상태였습니다. 이를 해소하기 위해서는 하루에 평균 2.54포인트씩 프리가 감소해야 합니다. 그래서 선물이 상승해도 콜 옵션은 시세가 조금 나오고, 풋 옵션의 프리는 급속하게 감소하게 된 것입니다(풋콜패리티 참조). 풋과 콜의 프리는 반비례관계가 아닌 비례관계입니다. 당일 종가의 등합은 5.31로 전일 7.61보다 2.30포인트가 감소했습니다.

옵션에서 큰 시세가 나려면 반대쪽 옵션은 강한 하방경직을 보여야 합니다. 하지만 오늘처럼 풋 옵션이 하방경직을 보이지 않고 맥없이 밀리면 콜 옵션에서 큰 시세는 절대로 나오지 않습니다.

시간	선물	콜287	콜290	콜292	콜295
09:00	297.70	0.52	0.25	0.13	0.05
10:20	284.05	1.33	0.66	0.30	0.12
80분	4.35 상승	1.55배	1.64배	1.30배	1.40배

4) 2020. 02. 26 수 위클리 옵션 23주 차

① 선물 일봉

5.85포인트의 갭 하락을 동반한 진폭 4.10포인트의 양봉입니다.

② 선물 10분봉

5.85포인트의 갭 하락으로 선물이 시작하자 반발성 매수가 들어와 장볼 하단을 회복했지만, 하방의 압력으로 다시 장볼 하단을 이탈하는 흐름이 발생했습니다. 이후 쌍 바닥의 모습으로 반등했지만, 60분선의 저항으로 반락해 마감한 장세였습니다. 갭 하락의 크기가 클수록 하방의 압력은 커집니다. 장볼 하단을 심하게 이탈한 상태에서는 저점 매수세가 들어오지만 과도한 하락에 의한 반발 매

수일 뿐입니다. 이럴 경우 반등의 목표는 60분선으로 설정하는 것
이 성공률이 높습니다.

③ 콜 옵션의 시세

옵션을 매수하고 나서 어려운 것이 청산입니다. 이것을 10분봉
의 반등 목표치와 연계시키면 청산의 목표치를 설정할 수 있어 유
용한 방법이 됩니다.

시간	선물	콜285	콜287	콜290
11:10	278.50	0.28	0.07	0.02
12:50	282.00	0.86	0.33	0.10
100분	3.50 상승	2.07배	3.71배	4.00배

5) 2020. 02. 27 목 위클리 옵션 23주 차 만기일

① 선물 10분봉

1.05포인트의 갭 하락 이후 추가 반락해 장볼 하단에서 반등한
선물은 내려오는 60분선의 저항으로 지속적으로 저점을 낮추면서
하락한 장세였습니다. 내려오는 60분선은 저항으로 작용하기 때문
에 이를 돌파하기 위해서는 60분선을 터치하는 흐름이 자주 나와
야 합니다. 하지만 60분선을 전혀 터치 못하면 장이 아주 약한 상태
로 급락이 나올 확률이 높아집니다. 다음 차트에서도 60분선을 터
치 못하자 30분 만에 3.55포인트의 급락이 나오고 장볼 하단을 타
고 내리는 흐름이 나온 것이 보입니다.

② 풋 옵션의 시세

만기일에 시세가 나온 이후 횡보성 등락을 하게 되면 옵션의 가격은 시간가치 감소 때문에 선물이 추가 하락하더라도 풋 옵션의 가격이 하락하는 경우가 생깁니다. 10분봉의 차트에서 30분 동안 3.55포인트의 급락이 나온 이후 11:40까지 90분 동안 추가로 0.90 포인트가 밀렸지만, 풋272는 0.23에서 0.18로 5틱이나 하락했습니다.

시간	선물	풋275	풋272	풋270
09:40	281.00	0.10	0.02	0.01
10:10	277.45	0.63	0.23	0.07
30분	3.55 하락	5.30배	10.50배	6.00배

21. 위클리 옵션 **24주** 차

5영업일 중 5일 연속으로 옵션에서 시세가 나왔고, 콜282에서 64배, 풋277에서 8.75배의 시세가 발생한 위클리 옵션이었습니다.

1) 2020. 02. 28 금 위클리 옵션 24주 차

① 선물 일봉

4.20포인트의 갭 하락을 동반한 진폭 6.60포인트의 음봉으로 장볼 하단을 이탈하고 마감했습니다. 통상 장볼 하단 부근에서 발생한 갭 하락은 메우는 것이 일반적입니다. 하지만 상황에 따라 갭을 메우는 시간이 짧을 수도 있고, 길 수도 있어 성급하게 갭을 메우리란 생각은 주의해야 합니다. 일봉에서 장볼 하단 부근까지 하락한 후 상승으로 전환하려면 장볼 하단을 절대로 건드리면 안 됩니다. 장볼 하단을 일시적이라도 이탈하면 이는 손을 탄 것으로 상승의 힘이 급격히 약해져 장볼 하단을 회복하더라도 장볼 하단을 재이탈할 확률은 압도적으로 높아집니다.

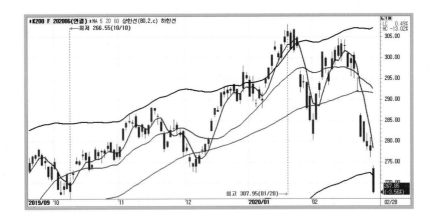

② 선물 10분봉(2020. 02. 06 목 참조)

반등 없이 하루 종일 흘러내리는 전형적인 하락장의 모습이었습니다. 이 차트를 뒤집어 보면 전형적인 상승장의 모습이 됩니다.

③ 풋 옵션의 시세(2020. 02. 24 월 풋 옵션의 시세 참조)

6.60포인트의 하락에 풋 옵션 시세가 1.21배인 것은 옵션의 프리가 고평가 상태이기 때문입니다. 등합은 11.82로 상당히 높은 수준이고 행사가가 부족합니다. 종가의 등가는 267로 다음 날 행사가 247까지 상장됩니다.

시간	선물	풋265	풋262	풋260	풋257
09:00	274.15	2.50	2.02	1.58	1.20
15:20	267.55	4.88	3.95	3.33	2.66
6시간 20분	6.60 하락	95%	95.5%	1.10배	1.21배

2) 2020. 03. 02 월 위클리 옵션 24주 차

① 선물 일봉

1.65포인트의 갭 상승을 동반한 진폭 6.40포인트의 아래 꼬리 긴 양봉입니다. 장 중 장볼 하단을 회복하기도 했으나 반락해 장볼 하단 부근에서 마감했습니다. 20일선과 60일선의 데드크로스가 임박한 상태입니다.

② 선물 10분봉

하락추세의 일반적인 흐름은 일시적으로 반발매수세가 유입되더라도 매도세의 강화나 매수 세력의 공격적 청산으로 저점을 강하게 경신하는 흐름이 나와야 반등다운 반등이 나오게 됩니다. 다음 차트를 보면 장 초반 반등이 나왔지만, 바로 밀리면서 저점을 강하게 이탈하고 나서야 60분선까지 강한 반등이 나왔습니다. 그리고 60분선에서 한 번 밀리고 다시 60분선을 돌파하는 흐름이 나오고, 기간조정 성격의 횡보를 보이고 마감한 형태입니다. 60분선이 완만하게 우상향하고 있어 단기적으로는 상방의 확률이 높아 보입니다.

③ 콜 옵션의 시세(2020. 02. 25 화 콜 옵션의 시세 참조)

5.30포인트의 상승에도 불구하고 콜 옵션의 시세는 빈약한 상태입니다. 전일의 등합은 11.82인 상태에서 선물이 장시간 횡보를 보이자 당일의 등합은 8.99로 2.83포인트가 감소해 옵션의 고평가 현상이 약간 해소되기는 했지만 여전히 프리는 높은 상태입니다.

시간	선물	콜280	콜285	콜290
09:40	266.05	0.77	0.25	0.07
10:50	271.35	1.42	0.51	0.16
70분	5.30 상승	0.84배	1.04배	1.29배

④ 풋 옵션의 시세

전일의 경우, 선물 6.60포인트의 하락에 풋 옵션의 시세는 1.21
배에 불과했지만, 지금은 선물 1.80포인트 하락에 풋 옵션은 2.08
배의 시세가 발생했습니다. 그 이유는 전일 풋 옵션의 프리가 지나
친 고평가 상태였고, 또한 6.60포인트가 하락하는 데 소요된 시간
은 6시간 20분으로 1시간에 1포인트 정도의 완만한 하락이었습니
다. 오전에 선물이 급등하면서 풋 옵션의 고평가 상태가 어느 정도
해소된 상태에서 20분 만에 1.80포인트의 하락으로 단위시간당 하
락의 기울기가 가팔라져 변동성이 순간적으로 커졌기 때문입니다.

시간	선물	풋252	풋250	풋247
12:50	272.45	0.31	0.25	0.12
13:10	270.65	0.68	0.51	0.37
20분	1.80 하락	1.19배	1.68배	2.08배

3) 2020. 03. 03 화 위클리 옵션 24주 차

① 선물 일봉

5.60포인트의 갭 상승을 동반한 진폭 6.80포인트의 음봉입니다.
이틀 전 발생한 갭을 메우고 재반락한 형태입니다. 20일선과 60일
선의 데드크로스가 발생했는데, 여기서 주의할 점은 비록 종가로는
음봉으로 마감했으나 장 초반에는 큰 폭의 갭 상승으로 시작하고
추가반등을 보였다는 점입니다. 장을 하락으로 보고 하방포지션을
취한 입장에서는 장 초반의 흐름이 강했기 때문에 결국은 휩소라도
손절이 나갈 수 있어 확신에 찬 과도한 포지션은 주의해야 합니다.

② 선물 10분봉(2020. 05. 28 목 참조)

　일봉상 하락추세일 때 10분봉에서 갭 상으로 장볼 상단 위에서 출발하면 매도 대응하는 것이 유리합니다. 다음 차트는 장볼 상단을 돌파한 상태로 시작해서 장볼 상단 안으로 회귀해 20분선까지 밀렸지만, 올라오는 20분선의 지지로 장 초반 횡보자리의 고점까지 반등해 쌍봉의 모습으로 밀리면서 당일의 갭을 모두 메우고 마감한 형태였습니다.

③ 옵션의 시세

풋 옵션의 시세가 나오고 연속해 콜 옵션에서 옆줄이 발생했습니다. 하락폭과 상승폭이 3.60포인트로 동일하고, 또한 소요된 시간도 90분으로 동일한 것이 특이합니다. 그리고 이어서 다시 풋 옵션에서 옆줄이 발생했습니다. 즉 3번의 시세가 모두 연속한 복합옆줄 시세가 나왔습니다.

④ 풋 옵션의 시세

시간	선물	풋262	풋260
10:00	276.50	0.27	0.10
11:30	272.90	0.68	0.43
90분	3.60하락	1.52배	3.30배

⑤ 콜 옵션의 시세

선물의 하락폭과 상승폭, 소요시간이 동일합니다. 하지만 앞의 표의 풋260과 다음 콜285의 수익률을 보면 풋 옵션의 수익률이 훨씬 좋은 것을 알 수 있습니다.

시간	선물	콜282	콜285
11:30	272.90	0.21	0.08
13:00	276.50	0.60	0.23
90분	3.60 상승	1.86배	1.88배

⑥ 풋 옵션의 시세

시간	선물	풋262	풋260
13:00	276.50	0.27	0.16
15:20	270.65	1.20	0.83
2시간 20분	5.85하락	3.44배	4.19배

4) 2020. 03. 04 수 위클리 옵션 24주 차

① 선물 일봉

2.40포인트의 갭 하락을 동반한 진폭 9.05포인트의 양봉입니다.

② 선물 10분봉

60분선이 살아 있는 상태에서 큰 장대 양봉이 나오면 직관적으로 장볼 상단을 염두에 둬야 합니다. 다음 차트에서 장볼 상단까지 급등하고 기간조정 성격의 반락, 쌍봉의 모습으로 마감했습니다.

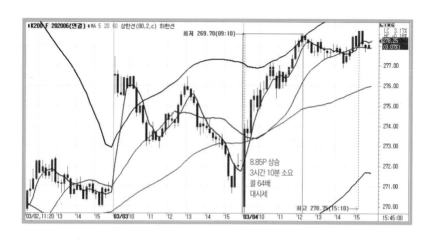

③ 콜 옵션의 시세

옵션의 대시세는 반드시 0.10 미만에서 발생합니다. 따라서 옵션의 매수게임에서 0.10 미만의 가격대를 매수하는 연습이 반드시 필요합니다. 개인들이 못 하는 것 중의 하나가 0.10 미만의 옵션 매수입니다. 심리적으로 결제가 안 된다는 선입견이 외가매수를 주저하게 만드는 요인으로, 매수를 해도 상대적으로 비싼 옵션을 선택하는 경우가 많은데 이런 습관이 고착화되면 결코 큰 시세를 먹을수가 없습니다. 아래에서 큰 시세가 나왔어도 콜277의 수익률은 고작 8.79배에 불과합니다. 그리고 콜280과 콜282는 1행사가 차이지만 수익률은 41배나 차이가 납니다. 즉, 행사가의 선정이 수익률에 절대적인 영향을 미칩니다.

시간	선물	콜277	콜280	콜282	콜285
09:00	269.70	0.28	0.06	0.01	0.01
12:10	278.55	2.74	1.45	0.65	0.27
3시간 10분	8.85 상승	8.79배	23.00배	64.00배	26.00배

④ 옵션의 고평가

옵션의 프리는 모두 시간가치로 구성되어 만기가 되면 0으로 수렴됩니다. 따라서 만기가 다가올수록 시간가치의 감소가 두드러지는데, 이러한 점이 옵션 매수를 하더라도 수익이 나기 힘든 이유입니다. 지수는 제자리에 있어도 시간이 흐를수록 가치가 떨어져 옵션 매수에서 손실이 나는 경우가 많기 때문입니다. 오늘 종가상 코스피200은 278.13이고, 옵션의 가격은 콜2.42, 풋1.76으로 등합이 4.18입니다. 평소보다 높은 상태입니다. 만일 내일 종가가 오늘과 동일하게 마감하면 콜은 0.63, 풋은 0이 되어 등가 옵션을 양 매수한 사람은 3.55포인트의 손실을 입게 됩니다. 따라서 옵션의 매수는 등합의 수준이 충분히 낮아졌을 때 매수타이밍을 잡아야 합니다. 흔히들 오를 것 같으면 콜 옵션을 매수하고, 내릴 것 같으면 풋 옵션을 매수하는데 이 방식은 프리의 수준이 높을 경우 수익을 내기가 아주 어렵습니다. 방향이 맞아도 높은 프리가 수익을 주지 않기 때문입니다. 그리고 방향이 틀렸을 경우에는 반 토막은 기본이고 10토막, 20토막도 다반사로 발생합니다.

5) 2020. 03. 05 목 위클리 옵션 24주 차 만기일

① 선물 일봉

1.80포인트의 갭 상승을 동반한 진폭 4.60포인트의 아래 꼬리를 길게 단 양봉입니다.

② 선물 10분봉

전일의 급등에 이어 갭 상승할 경우 장볼 상단을 돌파한 상태라면 매도대응이 좋습니다. 그리고 만기일 프리의 수준이 높은 상태이면 프리를 감소시키기 위한 횡보구간이 발생합니다. 통상 시간가치의 감소는 무의미한 횡보성 등락을 통해 발생합니다. 그리고 충분히 시간가치가 축소되면 다시 옵션에서 시세가 발생하게 됩니다. 이러한 과정은 항상 반복되어 나왔고 앞으로도 계속 반복될 것입니다.

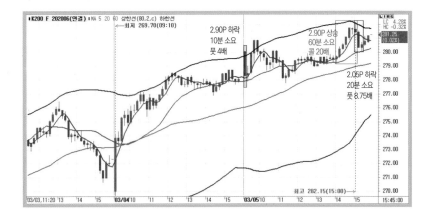

③ 풋 옵션의 시세

10분 동안 선물 2.90포인트의 변동에 풋 옵션에서 나온 4배의 시세는 순간적으로 변동성이 살아나고 방향성지표인 감마효과에 의해서 형성된 시세였습니다. 이렇게 형성된 시세는 순식간에 사라지는 경우가 많아 옵션의 시세를 나비처럼 왔다가 벌처럼 달아난다고 합니다.

시간	선물	풋275	풋272
09:00	280.45	0.15	0.04
09:10	277.55	0.61	0.20
10분	2.90 하락	3.07배	4.00배

④ 콜 옵션의 시세

콜282는 20배의 큰 시세가 나왔지만 콜277의 수익률은 1.31배에 불과합니다. 선물이 282.25를 찍을 때 콜277은 2내가 옵션으로 바뀌어 가격 흐름이 선물과 유사해졌기 때문입니다. 콜280은 진입 당시 등가의 옵션으로 14:00에 0.35는 저평가 상태로 만기까지 80분이나 남아 있는 상태에서 선물이 282.15까지 오르자 1내가 옵션이 되면서 5.26배의 시세가 발생했고, 콜282는 등가의 옵션으로 변하면서 큰 시세가 발생했습니다. 이처럼 매수한 옵션이 외가에서 등가가 될 때 수익률이 가장 좋아집니다. 그리고 큰 시세가 나올 조건인 0.10 미만대인 가격 0.02에서 시세가 발생했습니다.

시간	선물	콜277	콜280	콜282
14:00	279.25	1.97	0.35	0.02
15:00	282.15	4.55	2.19	0.42
60분	2.90 상승	1.31배	5.26배	20.00배

⑤ 풋 옵션의 시세

콜 옵션의 시세가 나오고 연속해 풋 옵션에서 옆줄이 발생했습니다. 불과 20분 만에 풋280에서 8.75배의 시세가 나왔습니다. 이러한 옆줄의 시세를 취할 경우 수익이 상당하기 때문에 장볼 상·하단에서는 단기 변곡점을 노리는 전략이 유용한 경우가 많습니다.

시간	선물	풋282	풋280	풋277
15:00	282.15	0.70	0.04	0.01
15:20	280.10	2.50	0.39	0.02
20분	2.05 하락	2.57배	8.75배	1.00배

22. 위클리 옵션 **25주** 차

5영업일 중 5일 연속으로 옵션에서 시세가 나왔고, 만기 당일 풋235에서 86배, 콜255에서 40배의 큰 시세가 발생한 위클리 옵션이었습니다.

1) 2020. 03. 09 월 위클리 옵션 25주 차

① 선물 일봉

8.80포인트의 갭 하락을 동반한 진폭 6.10포인트의 음봉입니다. 장볼 하단에서의 갭은 반드시 메웁니다. 하지만 갭 하락이 클수록 매도세가 아주 강해집니다. 기존에 참여하지 못했던 신규 매도자가 유입되고 기존에 선물을 매수했던 사람들은 손실이 커지는 것을 두려워해 적극적으로 청산에 나서기 때문입니다. 따라서 일시적으로 추가 하락할 확률은 더욱 높아지게 됩니다.

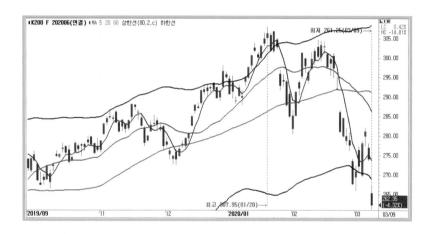

② 선물 10분봉

전일과 비슷한 흐름으로 반등을 시도했지만 실패하자 저점을 낮추는 급락이 나오고 이어 20분선까지 반등한 후 마감까지 횡보를 하면서 마감한 장세였습니다. 월물 옵션인 먼슬리 옵션(Monthly option) 중에서 3, 6, 9, 12월 물의 만기주가 되면 베이시스의 추이와 당 차월 스프레드의 추이가 무엇보다 중요해집니다. 앞으로 전개될 시장의 큰 방향을 제시해주는 경우가 있기 때문입니다. 베이시스는 장 중 지속적으로 백워데이션을 유지하고, 당 차월 스프레드 역시 백워데이션을 유지해 앞으로의 전망이 좋지 않음을 암시하고 있습니다.

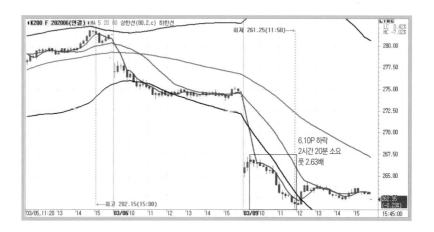

③ 풋 옵션의 시세

등합은 매일 쎄타(Theta)만큼 감소하는 것이 일반적입니다. 그런데 전일의 등합은 8.87이었으나 선물에서 11.85포인트의 급락이 나오면서 등합은 10.46으로 오히려 1.59포인트가 증가를 했습니다. 볼이 증가한 것입니다. 흔히 볼이 증가하면 옵션의 시세가 크게 나온다고 생각합니다. 그러나 실제 다음의 표를 보면 선물이 6.10포인트 하락을 했지만 풋235의 시세는 2.63배에 불과합니다. 이것은 이미 하락을 예상한 세력이 가격불문하고 풋 옵션을 매수하면서 풋 옵션의 가격이 지나치게 고평가되고, 여기에 연동되는 콜 옵션의 가격도 오르면서 콜 옵션 역시 고평가되면서 발생하는 현상입니다.

시간	선물	풋242	풋240	풋237	풋235
09:30	267.35	0.48	0.36	0.28	0.22
11:50	261.25	1.42	1.17	0.97	0.80
2시간 20분	6.10 하락	1.95배	2.25배	2.46배	2.63배

2) 2020. 03. 10 화 위클리 옵션 25주 차

① 선물 일봉

진폭 4.65포인트의 아래 꼬리 단 양봉입니다. 반등의 연속성
을 보이려면 당 차월 스프레드가 콘탱고가 되어야 하지만, 장 중
-0.20~-0.40사이의 백워데이션을 유지한 점으로 보아 장볼 하단
을 이탈한 상태에서의 반발매수 또는 5일선과의 과도한 이격을 해
소하기 위한 양봉으로 보입니다.

② 선물 10분봉

3일 연속 장 초반 롤러코스트의 형태를 보이고 오후 장은 횡보를

하는 장세였습니다. 이러한 흐름은 옵션의 프리와 관계가 있습니다. 옵션의 프리 수준이 과도해 프리를 감소시키는 형태인 횡보성 등락이 필요하기 때문입니다. 차트에서 내려오는 60분선은 저항의 역할을 해 60분선에서 반락한 후 저점을 높이는 완만한 상승흐름으로 마감한 장세였습니다.

③ 풋 옵션의 시세 1

선물이 260.85를 찍었을 때 풋235는 등가인 260에서 25포인트 떨어진 10외가 옵션으로 극 외가 옵션입니다. 풋235가 결제되려면 코스피가 만기까지 200포인트나 하락해야 합니다. 즉, 만기에 결제될 가능성은 거의 희박하지만, 7분간 3.95포인트가 움직이자 순간적으로 시세가 발생한 것입니다. 이것으로 알 수 있는 것은 선물이 많이 오르거나 내리는 것도 영향을 미치지만(방향성) 얼마나 빨리 선물이 움직이느냐가(변동성) 옵션의 가격에 더 큰 영향을 주게 됩니다. 즉, 외가 옵션에서 시세에 영향을 주는 것은 방향성과 변동성이 있는데, 이 중 변동성이 옵션의 시세에 더 큰 영향을 미칩니다.

시간	선물	풋250	풋240	풋237	풋235
09:05	264.80	0.74	0.17	0.13	0.09
09:12	260.85	1.80	0.64	0.47	0.35
7분	3.95 하락	1.43배	2.76배	2.62배	2.86배

④ 콜 옵션의 시세

풋 옵션의 시세가 나오고 바로 콜 옵션에서 옆줄이 발생해 콜282
는 2.80배의 시세가 발생했습니다.

시간	선물	콜275	콜277	콜280	콜282
09:12	260.85	0.40	0.22	0.11	0.05
10:40	265.50	0.87	0.53	0.37	0.19
88분	4.65 상승	1.17배	1.40배	2.36배	2.80배

⑤ 풋 옵션의 시세 2

콜 옵션의 시세가 나오고 바로 풋 옵션에서 옆줄이 발생해 풋237
은 1.35배의 시세가 발생했습니다.

시간	선물	풋250	풋240	풋237	풋235
10:40	265.50	0.64	0.22	0.17	0.14
11:40	262.05	1.31	0.51	0.40	0.30
60분	3.45 하락	1.05배	1.32배	1.35배	1.14배

3) 2020. 03. 11 수 위클리 옵션 25주 차

① 선물 일봉

2.00포인트의 갭 하락을 동반한 진폭 9.20포인트의 음봉입니다. 당 차월 스프레드는 장 초반 -0.20~-0.25을 유지했지만 마감이 다가올수록 -0.45~-0.50으로 악화되었고, 종가는 -0.55로 마감했습니다. 장의 질이 악화되고 있다는 신호입니다.

② 선물 10분봉

당 차월 스프레드의 악화로 장볼 하단까지 밀린 후에 반등을 시도했지만 실패하면서 종일 흘러내리는 장세였습니다. 직관적으로 장볼의 폭이 축소된 상태에서 장볼의 폭이 확장되는 단계입니다.

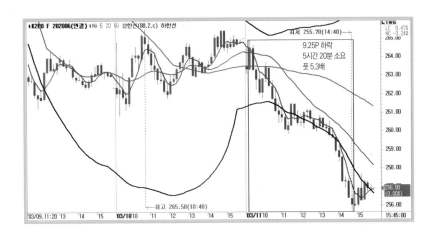

③ 풋 옵션의 시세

9.20포인트의 하락에도 불구하고 풋 옵션의 시세는 5.3배에 불과합니다. 이것은 프리의 감소구간과 맞물려 큰 시세가 나오기 힘든 구조로 변화되었기 때문입니다. 주식을 대규모로 들고 있는 이들의 최대 리스크는 주가의 폭락입니다. 그런데 이들은 시장의 체계적 위험에 대한 정보를 남보다 빨리 접하게 됩니다. 이를 토대로 풋 옵션을 선취매하고 이어서 위험을 감지한 다른 세력들이 풋 옵션을 매수하면서 풋 옵션은 심한 고평가 상태가 됩니다.

이것은 맥주병을 심하게 흔든 상태에서 맥주를 따르면 맥주는 없고 전부 거품인 것과 같습니다. 하지만 만기가 하루 남은 상태에서는 옵션이 고평가되어 있을수록 시간가치의 감소 또한 커져야 합니다(시간이 지날수록 맥주 거품이 꺼지는 것과 같습니다). 다음의 표에서 풋240의 저점은 0.05로 큰 시세가 나올 조건은 되지만, 10외가 옵션으로 만기까지 종합주가지수가 200포인트 폭락을 해야 간신히 등가가 되는 구조입니다. 즉, 결제 가능성은 거의 불가능한 상태임에도 가격은 0.05에서 0.30으로 오른 것입니다. 상당히 고평가된 상태로 가격 전체가 맥주 거품입니다. 그래서 반등이 조금만 나와도 외가의 옵션은 반 토막이 바로 나오게 됩니다. 선물이 저점인 255.70을 찍을 때 풋240은 여전히 6외가 옵션입니다. 이런 경우 다음 날 풋240의 시가는 선물이 보합만 유지해도 반 토막 출발이고, 상승 출발하면 10토막 이상 나는 것이 보통입니다. 그렇게 프리가 심하게 축소되면 옵션의 시세가 다시 나올 조건이 되는 것입니다.

시간	선물	풋260	풋250	풋245	풋240
09:20	264.90	1.50	0.26	0.10	0.05
14:40	255.70	5.59	1.36	0.63	0.30
5시간 20분	9.20 하락	2.73배	4.23배	5.30배	5.00배

4) 2020. 03. 12 목 위클리 옵션 25주 차 만기일

① 선물 일봉

2.30포인트의 갭 하락을 동반한 진폭 11.95포인트의 음봉입니다. 장 중 당 차월 스프레드는 점점 악화되어 마감 동시호가에서는 -2.30의 백워데이션이 되었고, 6월 물 선물의 베이시스는 -3.80으로 마감해 추가 하락에 대비해야 할 모습입니다. 시장은 관성이 지배하는 곳이고 3, 6, 9, 12월 물의 만기 주의 당 차월 스프레드는 앞으로의 진행방향을 알려주는 강력한 시그널입니다. 그래서 많이 빠졌지만 관성으로 더 많이 빠질 수가 있는 것입니다(Buy high, Sell low). 이때 개미들이 저지르는 실수가 많이 빠졌다고 상승포지션을 취하는 것입니다.

② 선물 10분봉

장 초반 반등에 실패하자 80분 만에 11.95포인트의 급락이 나왔고 이후 완만한 흐름으로 장볼 안으로 복귀한 선물은 20분선을 돌파하는 급등이 나왔지만 재차 반락하는 흐름으로 마감한 장세였습니다.

③ 풋 옵션의 시세

옵션에서 큰 시세는 0.10 미만에서 나오지만 대부분 0.10 미만의 옵션을 매수하지 못합니다. 옵션 거래의 경험이 많을수록 0.10 미만은 결제가 안 된다는 편견에 사로잡혀 매수를 하더라도 상대적으로 비싼 옵션의 행사가를 매수해 스스로 수익률을 낮추는 행동을 합니다. 일견 합리적으로 느낄지 몰라도 잘못된 판단입니다. 옵션 매수게임은 합리적인 것과는 거리가 먼 게임입니다. 옵션은 만기가 정해지지 않은 적금인데 오늘이 적금을 타는 날입니다. 또한 풋235에서 86배의 시세가 나왔지만 전일의 종가는 0.09였고, 당일의 시가는 0.02로 출발해 0.01로 밀린 후 시세가 나왔던 것입니다. 즉, 옵션에서 시세가 나올 때 옵션을 매수해 오버하는 것보다는 당일의 저점을 노리는 것이 가성비가 훨씬 좋다는 것입니다.

시간	선물	풋250	풋245	풋240	풋235
09:20	255.30	0.45	0.11	0.04	0.01
10:40	243.35	8.73	3.92	1.92	0.87
80분	11.95 하락	18.4배	34.64배	47.00배	86.00배

④ 콜 옵션의 시세

풋 옵션에서 큰 시세가 났을 때 선물은 10분에 1.49포인트씩 하락한 꼴입니다. 마찬가지로 선물이 40분에 6.35포인트 상승한 것은 10분에 1.59포인트씩 상승한 것입니다. 즉, 하락과 마찬가지로 상승의 기울기가 급했기 때문에 콜 옵션에서도 40배의 큰 시세가 난 것입니다. 그리고 콜 옵션 역시 0.01에서 큰 시세가 나왔습니다.

시간	선물	콜247	콜250	콜252	콜255
13:10	243.90	0.47	0.14	0.03	0.01
13:50	250.25	3.50	1.88	0.87	0.41
40분	6.35 상승	6.45배	12.40배	28.00배	40.00배

23. 위클리 옵션 26주 차

5영업일 중 5일 연속 시세가 발생했고, 콜267에서 7.08배, 만기일 풋200에서 470배의 큰 시세가 발생한 위클리 옵션이었습니다.

1) 2020. 03. 13 금 위클리 옵션 26주 차

① 선물 일봉

17.25포인트의 갭 하락을 동반한 진폭 21.25포인트의 하락형 양봉입니다. 장 중 10:44에 서킷 브레이커(Circuit breaker)가 발동된 하루였습니다. 이후 11:14에 장이 열리면서 급등을 해 마감했지만 마감 동시호가에서 선물이 1.20 하락해 시장의 참여자들은 추가 하락에 대비하는 모습입니다. 서킷 브레이커는 지수가 8% 하락하고 그 상태가 1분 이상 지속되면 발동됩니다. 이것이 발동되면 주식 거래 및 선물 거래가 20분간 정지되고 10분간 동시호가를 접수한 후 다시 장이 시작됩니다.

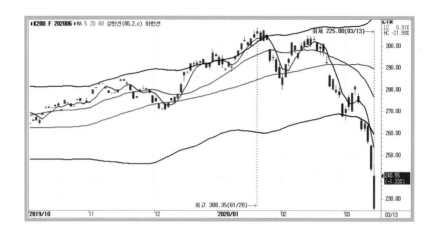

② 선물 10분봉

장 초반 과도한 급락에 의한 반발성 매수세가 유입되면서 반등을
했으나 반락하면서 서킷브레이커가 발동했습니다. 장이 다시 시작
되고 2시간 정도를 횡보하면서 방향을 탐색하던 선물은 18.95포인
트의 급등으로 60분선을 단숨에 돌파하기도 했지만 추가 반등에는
실패하고 위 꼬리를 달고 마감한 장세였습니다.

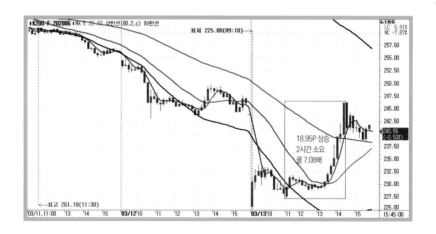

③ 콜 옵션의 시세

18.95포인트의 상승에도 불구하고, 콜267은 고작 7.08배의 시세
가 나왔습니다. 옵션의 프리가 너무 고평가되었기 때문입니다.

시간	선물	콜262	콜265	콜267	콜270
11:15	227.30	0.36	0.21	0.13	0.11
14:20	246.25	1.94	1.50	1.05	0.72
2시간 5분	18.95 상승	4.39배	6.14배	7.08배	5.55배

2) 2020. 03. 16 월 위클리 옵션 26주 차

① 선물 일봉

1.20포인트의 갭 상승을 동반한 진폭 15.90포인트의 음봉입니다.
베이시스의 흐름은 오전에는 1포인트 미만의 백워데이션을 유지
했으나 마감이 다가올수록 1포인트 이상의 백워데이션으로 악화
되고, 마감동시호가에서 선물을 1.90포인트나 하락시켜 베이시스
는 −3.42로 마감했습니다.

② 선물 10분봉

내려오는 60분선은 일시적으로 돌파하더라도 저항의 역할을 하는 경우가 많습니다. 더구나 일봉상 하락추세라면 저항으로 작용할 가능성은 더욱 높아집니다.

③ 옵션의 시세

상승 출발에도 콜 옵션은 하락하고 풋 옵션은 상승하는 반대현상이 발생했는데, 이러한 경우 급락이 나올 확률이 압도적으로 높아집니다. 하지만 풋225의 시세는 15.90포인트의 급락에도 불구하고 1.74배에 불과합니다. 앞에서 설명했지만 이유는 2가지입니다. 풋옵션이 지나치게 고평가되어 있어 구조상 큰 시세가 나오기 어려워졌고, 행사가의 개수가 적기 때문입니다. 옵션의 대시세는 0.10 미만에서 나오는데, 막내인 풋220의 저가는 1.76으로 큰 시세는 애당초 나올 수가 없었던 것입니다. 종가의 코스피200은 232.97로 다음 날 풋 옵션은 212까지 신규로 상장됩니다. 참고로 미국 S&P500

옵션은 행사가의 제한이 없어 시세가 나올 경우 탄력적으로 행사가를 선정할 수 있어 합리적입니다. 하지만 국내 옵션은 급락이 나올 경우 거래량이 풋 옵션의 막내로 편중되어 다른 행사가의 풋 옵션은 거래량이 거의 없거나 호가공백이 심해지는 등 부작용이 속출합니다. 종가의 등합은 19.33으로 위클리 옵션이 도입되고 나서 최고의 수준을 경신했습니다. 이렇게 높은 프리는 추가로 급락하더라도 풋 옵션의 시세가 나오기는 어렵습니다. 이미 추가 하락을 할 것이라는 심리가 풋 옵션의 가격에 선반영되었기 때문입니다.

시간	선물	풋227	풋225	풋222	풋220
09:02	245.45	2.98	2.19	2.08	1.76
15:45	229.55	6.35	6.01	5.17	4.39
6시간 43분	15.90 하락	1.13배	1.74배	1.48배	1.49배

3) 2020. 03. 17 화 위클리 옵션 26주 차

① 선물 일봉

9.55포인트의 갭 하락을 동반한 진폭 14.10포인트의 위 꼬리 긴 하락형 양봉으로 장 중 하락 갭을 모두 메운 형태입니다. 선물마감 동시호가에서 선물이 1.15포인트가 하락해 베이시스는 -2.49가 되어 불안정한 상태로 마감했습니다.

② 선물 10분봉

시가=저가의 패턴으로 과도한 갭 하락에 대한 반발성 매수로 급
등이 나와 상승 반전하기도 했지만 하락에 대한 경계 심리로 20분
선에 안착하지 못하고 장볼 하단까지 반락한 후 횡보성 등락을 하
면서 마감한 장세였습니다.

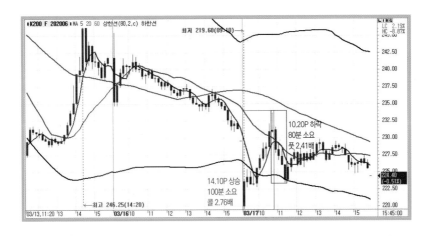

③ 콜 옵션의 시세

콜 옵션과 풋 옵션의 관계는 비례관계입니다. 특히 급등이나 급락이 나올 경우에는 시소게임이 아닌 비례관계임이 더욱 명확해집니다(풋콜패리티 참조). 전일의 등합은 19.33으로 위클리 옵션에서 최고가를 찍었는데, 이 프리가 만기에 0으로 수렴하려면 하루에 프리가 6.44만큼 감소되어야 합니다. 즉, 지수가 현재 자리에서 움직이지 않고 시간만 흘러도 옵션의 가격은 맥주 거품이 꺼지듯 감소합니다. 그래서 급등을 하더라도 프리의 감소(시간가치의 감소)로 인해 콜 옵션은 시세가 나더라도 조금밖에 나지 않는 것입니다. 부연설명하면 급락을 하게 되면 외형상 콜 옵션의 가격은 떨어지지만, 풋 옵션과 콜 옵션의 변동성이 살아나면서 내면적으로는 콜 옵션 역시 고평가 상태가 되어 있는 것입니다.

시간	선물	콜240	콜245	콜250	콜252
09:00	219.60	1.27	0.74	0.29	0.20
10:40	233.70	3.99	2.16	1.09	0.66
100분	14.10 상승	2.14배	1.92배	2.76배	2.30배

④ 풋 옵션의 시세

콜 옵션의 시세에 이어 풋 옵션에서 옆줄이 발생했습니다. 다만 풋 옵션이 극도의 고평가 상태이기 때문에 10.20포인트의 급락이 나왔어도 풋212는 고작 2.41배의 시세가 나왔습니다. 만일 풋 옵션이 저평가 상태였다면, 최소한 수십 배의 시세가 나올 수 있는 자리였습니다. 종가의 등합은 전일 19.33에서 12.92로 6.41포인

트나 감소했지만 여전히 고평가 상태였습니다. 종가의 코스피200
은 226.89로, 다음 날 풋 옵션은 행사가 207까지 신규 상장됩니다.

시간	선물	풋220	풋217	풋215	풋212
10:40	233.70	2.06	1.77	1.22	0.91
11:20	223.50	5.40	3.83	3.70	3.10
80분	10.20 하락	1.62배	1.16배	2.03배	2.41배

4) 2020. 03. 18 수 위클리 옵션 26주 차

① 선물 일봉

1.10포인트의 갭 상승을 동반한 진폭 16.85포인트의 위 꼬리 단
음봉으로 종가=저가의 형태입니다. 마감 동시호가에서 선물은 1.20
포인트나 하락해 베이시스는 −4.23의 심한 백워데이션이 되어 추가
하락할 가능성이 높아졌습니다.

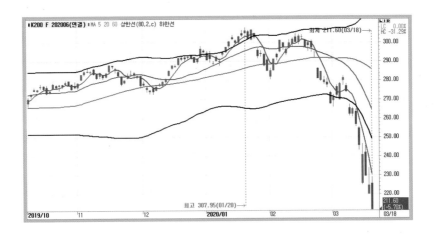

② 선물 10분봉

전일에 이어 연속된 횡보를 보이다 오후 14:20경부터 베이시스가 악화되며 급락을 한 장세였습니다.

③ 풋 옵션의 시세

반복해 강조하지만 옵션의 시세는 0.10 미만의 가격일 때 나옵니다. 풋207이 풋 옵션의 막내였는데 0.09에서 1.91까지 20.20배의 시세가 나왔습니다. 풋212의 수익률과 비교하면 8배 정도의 차이였습니다. 종가의 코스피200은 215.83으로 다음 날은 행사가 195까지 신규 상장됩니다. 등합은 7.35로 여전히 높은 수준입니다. 이럴 경우 고평가된 프리를 해소하는 작업이 나오게 됩니다.

시간	선물	풋212	풋210	풋207
14:20	225.35	0.32	0.18	0.09
15:45	211.60	4.03	3.00	1.91
85분	13.75 하락	12.59배	15.67배	20.20배

④ 풋 옵션의 차트

선물 10분봉에서 14:20부터 급락이 나오면서 풋207에서 시세
가 나왔습니다. 14:20의 풋207의 가격은 0.09였지만 12:10에 저점
0.05를 찍고 2시간 10분 동안 바닥을 다지고 나서 85분 동안 시세
가 나온 것입니다. 12:00의 시세인 0.05로 따지면 풋207은 37.20배
의 시세였습니다.

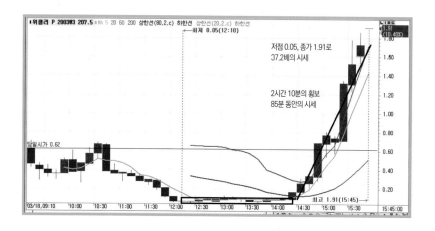

5) 2020. 03. 19 목 위클리 옵션 26주 차 만기일

① 선물 일봉

6.40포인트의 갭 상승을 동반한 진폭 25.65포인트의 위 꼬리 단
음봉입니다. 큰 폭의 갭 상승을 했어도 베이시스의 호전이 없어 하
락을 암시한 장세였습니다.

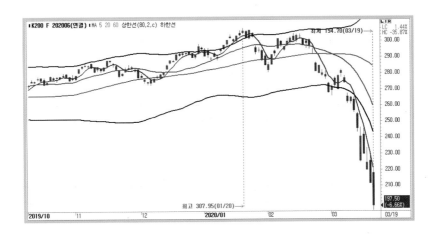

② 선물 10분봉

　선물의 강한 갭 상승을 고점 매도의 기회로 삼은 세력들은 20분
선까지 상승을 용인했다가 베이시스를 악화시키며 하락을 주도했
던 장세였습니다. 지수가 8%까지 밀려 12:06에 서킷브레이커가 발
동해 12:36에 다시 시장이 열리면서 반등을 모색하기도 했지만, 내
려오는 장볼 하단이 저항의 역할을 해 13:10에 194.70의 저점을 경
신하면서 풋200은 470배의 대시세가 발생한 만기였습니다.

③ 풋 옵션의 시세

전일 풋 막내였던 풋207의 가격은 1.91이었지만, 당일 시가는 0.15로 92%의 폭락이 나오고 나서 70배의 시세가 났습니다. 옵션에서 대시세가 나려면 고평가의 상태를 반드시 해소해야 합니다. 당일 신규 상장된 풋200은 시가는 0.07이었지만 저점 0.01을 찍고 나서 470배의 시세가 나왔습니다. 이외에도 풋197의 시세는 303배, 막내인 풋195는 179배의 시세가 나왔습니다.

시간	선물	풋207	풋205	풋202	풋200
09:10	220.35	0.15	0.03	0.02	0.01
13:10	194.70	10.65	8.81	6.41	4.71
4시간	25.65 하락	70배	292배	319배	470배

④ 풋 옵션의 차트

만기가 정해지지 않은 적금을 타는 날이었습니다. 장 중 470배의 시세를 분출해 100만 원을 투자했다면 4억 7,000만 원의 수익이 발생한 하루였습니다.

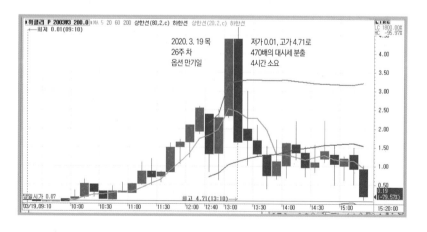

블랙 스완(Black swan)*

최근의 상황을 보며 나심 탈레브 교수의 《블랙스완》이 떠올랐습니다. 이 책을 보면 정규분포를 나타내는 종모양의 곡선을 전제로 추론하는 대부분의 사회연구는 거의 아무것도 말해주지 않는다고 합니다. 정규분포의 양극단, 그래서 연구나 분석, 전망에서는 배제되는 바로 그 양극단이 실제로는 통제할 수도, 배제할 수도 없는데도 우리는 그것을 통제하고 길들이고 있다고 믿기 때문입니다. 나심 탈레브 교수는 이것을 우리 사회를 지배하는 거대한 지적사기(GIF : Great Intellectual Fraud)라고 말합니다.

칠면조를 키우는 사람이 매일 먹이를 가져다주면, 칠면조는 먹이를 줄 때마다 '친구인 인간이라는 종이 나를 위해 먹이를 가져다주는 것'을 보편적인 규칙이라고 믿습니다. 1,000일이라는 기간 동안 이 믿음은 배반하지 않지요. 그런데 갑자기 어느 날 밥을 주던 손길이 목을 조이는 손길로 바뀝니다. 칠면조에게는 갑자기 바뀐 상황일지라도 실제로는 처음부터 내재된 속성입니다. 검은 백조(블랙 스완)는 상대적입니다. 칠면조에게는 1,001일째의 상황이 검은 백조이지만, 주인은 이미 알고 있는 일이었습니다. 어떤 사건이 누구에게는 검은 백조가 되고, 다른 사람에게는 그렇지 않다는 것은 각자의 예견 능력, 또는 열린 마음에 따라 상대적이기 때문입니다.

롱텀캐피털매니지먼트(이하 LTCM)가 갑자기 파산한 것은 회사직원들과 관계사에게는 검은 백조였지만, LTCM의 모델이 세상을 이해시킬 충분한 도구가 되지 못한다는 것을 아는 사람들에게는 아니었습니다. LTCM이 제시한 통계모델과 이를 통해 검은 백조가 출현할 수 없다는 믿음이 도리어 검은 백조를 출현시켰습니다. 여기서 우리는 극단적인 사건을 예외로 보지 말고 출발점으로 삼아야 합니다. 인간 지식의 진보와 성장에도 불구하고 그 진보와 성장 때문에 미래는 점점 더 예측이 어려워질 것이며, 인간의 본성과 사회과학은 이것을 감추는 데 온 힘을 다할 것입니다.

* 나심 니콜라스 탈레브, 《블랙 스완》, 동녘사이언스, 2018년 참고.

5영업일 중 4일간 옵션 시세가 나왔고, 만기일에 5번의 옵션 시세가 나온 위클리 옵션이었습니다. 최고의 시세는 콜235에서 17.2배, 풋230에서 23.75배였습니다.

1) 2020. 03. 20 금 위클리 옵션 27주 차

① 선물 10분봉

일반적으로 내려오는 60분선은 저항의 역할을 합니다. 하지만 오늘은 저항의 역할을 못한 형태입니다. 강한 반발매수로 장볼 상단까지 반등하고 마감했기 때문입니다. 외인들은 7일 연속 대규모 풋옵션 매도를 해 상승에 대비한 포지션을 구축한 상태였습니다. 시장이 급락을 했다가 상승할 때 유리한 포지션은 선물매수, 콜 옵션 매수, 풋 옵션 매도가 있는데, 이 중 가장 수익률이 높은 것은 풋 옵션 매도입니다. 시장이 급락을 하면서 고평가된 옵션의 프리는 완만하게 상승할 때 급격하게 감소하기 때문입니다.

② 콜 옵션의 시세

선물이 고점인 215.00을 찍을 때 막내인 콜235는 8외가 옵션이었지만, 등가인 콜215보다 높은 수익률입니다. 금요일은 만기가 가장 긴 날입니다. 따라서 행사가와 상관없이 외가로 갈수록 수익률이 높은 것을 알 수 있습니다. 옵션을 매수할 때 행사가의 선정은 수익률에 영향을 미치므로 신중하게 선택을 해야 합니다.

시간	선물	콜215	콜220	콜225	콜235
10:00	199.25	2.49	1.23	0.66	0.16
15:30	215.00	8.24	5.25	3.42	1.20
5시간 30분	15.75 상승	2.31배	3.27배	4.18배	6.50배

2) 2020. 03. 24 화 위클리 옵션 27주 차

① 선물 일봉

7.55포인트의 갭 상승을 동반한 진폭 18.35포인트의 아래 꼬리 단 양봉으로 5일선을 돌파 안착한 모습입니다. 3일 연속된 양봉으

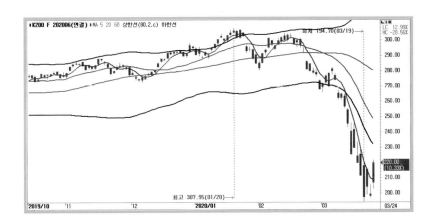

로 급격한 하락에 대한 되돌림 파동으로 장볼 하단을 회복하는 흐름으로 이어질 확률이 높아 보입니다.

② 선물 10분봉

60분선의 지지를 받고 장볼 상단까지의 상승, 반락 후 20분선을 중심으로 등락을 보이고 다시 장볼 상단까지 상승을 이어간 모습입니다. 직관적으로 N자형인 대등수치를 완성한 모습입니다. 오후 15:01에 8% 상승한 1차 상한가인 215.35에 도달한 후 추가 상승한 형태입니다. 선물의 상하한가는 1차 8%, 2차 15%, 3차 20%로 20%가 상승하거나 하락하면 즉시 장이 종료됩니다.

③ 콜 옵션의 시세

급락을 하면서 고평가되었던 양 옵션의 프리는 상승을 하면 점차 고평가 상황을 해소하게 됩니다. 장 초반 7.55포인트의 갭 상승을 했지만, 막내인 콜235의 시가는 전일 종가 0.10 대비 2틱 오른

0.12에 불과했고 10분간 음봉으로 밀리자 0.06으로 반 토막이 난 상태가 되어서야 시세가 나왔습니다. 여러 번 강조했지만 옵션의 큰 시세는 0.10 미만에서 나옵니다. 그리고 선물이 갭으로 상승했을 때 콜 옵션의 갭이 클 경우에는 되밀릴 가능성이 추가 상승할 확률보다 높습니다. 즉, 외가 콜 옵션의 큰 시세는 보합이나 장 중 눌림을 받아야 시세가 나올 확률이 높습니다. 갭으로 상승해 큰 시세를 주는 경우는 별로 없습니다. 옵션은 죽어야 살아나는 생물입니다. 종가의 코스피200은 220.34로 다음 날 행사가 240까지 신규 상장됩니다.

시간	선물	콜220	콜225	콜225	콜235
09:20	203.10	0.72	0.31	0.14	0.06
15:30	221.45	6.59	4.00	2.10	1.09
6시간 10분	18.35 상승	8.15배	11.90배	14.00배	17.17배

3) 2020. 03. 25 수 위클리 옵션 27주 차

① 선물 일봉

5.05포인트의 갭 상승을 동반한 진폭 10.40포인트의 아래 꼬리 단 양봉으로 장볼 하단을 회복하고, 마감한 형태입니다. 현재 5일선은 우상향으로 방향을 튼 상태이나 장볼 하단은 내려오고 있는 상태입니다. 추가 상승을 위해 필요한 것은 5일선과의 이격조정으로 급격한 반등에 대한 숨 고르기가 필요해 보입니다.

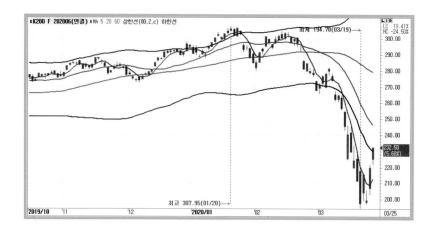

② 선물 10분봉

갭 상승의 위치가 장볼 상단 위라면 장볼 상단까지 밀리는 흐름은 과열된 이격을 좁히는 자연스러운 현상입니다. 그다음은 20분선이나 60분선까지 밀린 후 반등을 모색하는 것이 일반적이나, 장이 강할 경우에는 장볼 상단을 타고 오르는 흐름이 나오고, 다시 이격조정으로 횡보를 하고 추가 상승하게 됩니다.

③ 콜 옵션의 시세

전일 콜 옵션의 막내는 콜235였고, 오늘 콜240까지 신규 상장되었습니다. 막내인 콜240의 시세는 4.17배가 나왔는데, 저점은 0.29로 큰 시세가 나올 조건에 맞지 않았습니다. 즉, 콜240에서 큰 시세가 나오려면 저점이 0.10 미만까지 밀렸어야 했는데, 선물 10분봉에서 고점놀이가 나와 시세가 나오지 않았던 것입니다.

시간	선물	콜230	콜235	콜240
13:50	223.50	2.04	0.77	0.29
15:30	232.60	6.16	3.39	1.50
100분	9.10 상승	2.02배	3.40배	4.17배

4) 2020. 03. 26 위클리 옵션 27주 차 만기일

① 선물 10분봉

장 초반 급등락을 보였지만 저점자리까지 되밀리고 나서야 완만하게 반등을 이어 나갔습니다. 오전 장의 고점인 235대에서 쌍봉

을 형성하고 급하게 밀린 장세였습니다. 쌍 바닥과 쌍봉의 전형적인 패턴을 보여준 장세였습니다.

② 콜 옵션의 시세 1

콜247은 선물이 235.20을 찍을 때 5외가임에도 11배의 큰 시세가 나왔습니다. 선물이 14분 만에 7.20포인트의 상승을 보이자 순간적으로 변동성이 확대되어 시세가 나온 것이었습니다.

시간	선물	콜242	콜245	콜247	콜250
09:06	228.00	0.20	0.09	0.02	0.01
09:20	235.20	0.76	0.47	0.24	0.08
14분	7.20 상승	2.80배	4.22배	11.00배	7.00배

③ 풋 옵션의 시세 2

콜 옵션의 시세에 이어 풋 옵션에서 옆줄이 발생해 풋220에서 3.8배의 시세가 왔습니다. 그리고 콜 옵션의 시세가 나올 때 7.20포인트가 상승한 것처럼 7.20포인트가 하락했습니다. 다른 점은 14분 동안 상승하고, 70분 동안 하락한 점이 다릅니다. 옵션의 시세는 결제 가능성도 시세에 영향을 주지만 흐름의 빠르기도 큰 영향을 미칩니다. 그래서 풋 옵션의 시세가 콜 옵션의 시세보다 작게 나온 것입니다.

시간	선물	풋227	풋225	풋222	풋220
09:20	235.20	0.56	0.35	0.18	0.10
10:30	228.00	2.00	1.30	0.80	0.48
70분	7.20 하락	2.57배	2.71배	3.44배	3.80배

④ 콜 옵션의 시세 3

장 초반 콜245는 0.47까지 상승했지만 반락이 나오면서 0.02까지 급락하고 나서야 0.11까지 반등해 4.5배의 시세가 나왔습니다(앞의 콜 옵션의 시세 1 참조).

시간	선물	콜240	콜242	콜245	콜247
11:20	228.35	0.15	0.07	0.02	0.01
12:10	233.15	0.63	0.27	0.11	0.04
50분	4.80 상승	3.20배	2.86배	4.50배	3.00배

⑤ 콜 옵션의 시세 4

20분 만에 선물이 3포인트의 상승을 보이자 콜242는 3외가임에도 불구하고 8배의 시세가 발생했습니다. 그런데 콜242의 시세는 처음에 0.20에서 0.76까지 2.8배, 두 번째는 0.07에서 0.27까지 2.86배, 마지막은 0.01에서 0.09로 8배의 시세로 점차 프리가 줄어들면서 발생했습니다. 시간이 흐르면서 시간가치의 감소가 두드러졌기 때문입니다. 그래서 옵션은 죽어야 살아나는 생물입니다.

시간	선물	콜235	콜240	콜242
14:10	232.00	1.00	0.30	0.01
14:30	235.00	2.58	1.20	0.09
20분	3.00 상승	1.58배	3.00배	8.00배

⑥ 풋 옵션의 시세 5

콜 옵션의 시세에 이어 풋 옵션에서 옆줄이 발생해 풋230에서 23.75배의 시세가 발생했습니다. 하루에 2번의 옆줄은 극히 드문 케이스입니다(2019. 12. 05 목 참조). 50분 만에 선물이 쌍봉의 형태로 7.40포인트의 급락을 하자 외가였던 풋230의 시세가 폭발했습니다. 만기가 다가오면서 시간가치가 줄어들어 고작 0.04의 시간가치가 남아 있던 상태에서 등가로 전환되자 풋230의 가격이 선물처럼 움직여 큰 시세가 나왔던 것입니다. 옵션은 등가에서 1내가로 향해 가면 내재가치가 생기면서 그 흐름은 선물의 흐름과 비슷해집니다. 만기일은 15:20에 거래가 마감됩니다. 그런데 풋227의 가격은 0.17로 마감했고, 코스피200은 229.70으로 동시호가에 들어갔습니다. 풋227이 결제가 되려면 10분간 동시호가에서 2.20포인트 이상 급락이 나와야 가능합니다. 실질적으로 아주 희박한 확률로 결국 종가의 코스피200은 229.34로 마감해 풋227은 꽝이 되었습니다. 하지만 옵션 매수자 중에는 로또를 사는 것처럼 희박한 확률을 노리고 투기적인 매수를 하는 사람들이 많이 있습니다.

시간	선물	풋232	풋230	풋227	풋225
14:30	235.00	0.18	0.04	0.02	0.01
15:20	227.60	2.97	0.99	0.17	0.04
50분	7.40 하락	15.50배	23.75배	7.50배	3.00배

25. 위클리 옵션 **28주 차**

5영업일 중 3일간 옵션에서 시세가 발생했고, 풋210에서 42배, 콜232에서 9.25배의 시세가 발생한 위클리 옵션이었습니다.

1) 2020. 03. 27 금 위클리 옵션 28주 차

① 선물 10분봉

10.90포인트의 갭 상으로 시가=고가의 패턴입니다. 장볼 상단과의 이격이 과한 상태로 출발해 바로 장볼 상단까지 밀리고 잠시 장볼 상단에서의 공방을 벌인 후 급락해 갭을 거의 메운 상태에서 반등을 모색했지만, 20분선과 60분선의 데드크로스로 실패하자 역 N자형 하락으로 장볼 하단까지 밀리고 나서야 반등을 보여준 장세였습니다. 역 N자형 패턴은 대등수치만큼 밀리는 경우가 많아 목표가 설정에 유용하게 쓰여집니다.

② 풋 옵션의 시세

다음의 표에서 풋212의 저점 0.59는 주문 실수입니다. 풋212의 저점은 풋210의 저점보다 높아야 하기 때문입니다. 그리고 풋 옵션의 막내는 풋210인데, 저점이 0.97로 큰 시세가 나올 조건인 0.10 미만의 가격에 맞지 않습니다. 반복적으로 강조하지만 옵션에서 큰 시세는 0.10 미만의 가격에서 나옵니다. 이것은 위클리 옵션에서 불변의 진리입니다.

시간	선물	풋215	풋212	풋210
09:00	238.55	1.75	0.59	0.97
11:20	228.80	3.70	3.16	2.84
2시간 20분	9.75 하락	1.11배	4.36배	1.93배

2) 2020. 04. 01 수 위클리 옵션 28주 차

① 선물 10분봉

이평의 수렴이 완성되었고 고점이 완만히 낮아지면서 저점은 높아지는 삼각수렴이 완성되자 급락을 보인 장세였습니다. 일봉과 연

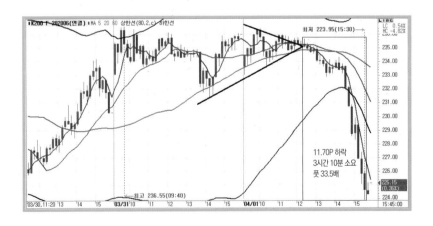

계시키면 20일선의 저항자리가 있어 하락에 대비할 수 있었던 자리였습니다.

② 풋 옵션의 시세

옵션에서 큰 시세가 나올 조건인 0.10 미만의 가격대의 행사가가 있는 상태에서 급락이 나오자 풋 옵션에서 큰 시세가 발생했습니다. 행사가에 따라 수익률의 차이가 심한 상태로 매수에 있어 행사가 선정은 가장 중요한 요소가 됩니다.

시간	선물	풋215	풋212	풋210
12:20	235.65	0.05	0.02	0.01
15:30	223.95	1.02	0.69	0.43
3시간 10분	11.70 하락	19.40배	33.50배	42.00배

3) 2020. 04. 02 목 위클리 옵션 28주 차 만기일

① 선물 10분봉

시장은 관성이 존재합니다. 전일 급격한 하락이 나온 상태로 마감했고, 당일 0.70포인트의 갭 상승으로 출발해 추가 반등을 시도했지만 실패한 이유는 관성 때문입니다. 가격조정이 셀수록 반등도 세지만, 하락을 지속하려는 관성 때문에 저점을 확인하거나 붕괴시키는 흐름이 나오게 됩니다. 그런데 상승을 하려면 반드시 이평의 기울기가 완만해져야 합니다. 이러한 과정인 기간조정을 거치게 되면, 주로 쌍 바닥이나 다중 바닥의 모습이 형성됩니다. 다음 차트에서도 장 초반 반등을 시도했지만 하방의 압력으로 반락했고, 기간조정을 통해 쌍 바닥의 형태가 만들어지고 나서야 본격적인 반등을 한 것이 보입니다. 이후 내려오는 60분선의 저항으로 2시간 정도 바닥을 다지고 나서 60분선을 돌파한 모습입니다.

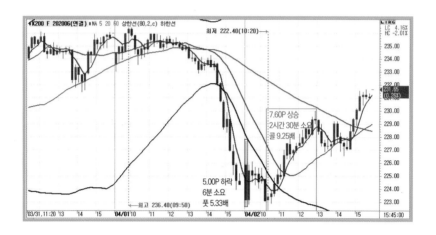

② 풋 옵션의 시세

6분 만에 선물이 5.00포인트의 급락을 보이자 풋210은 외가임에도 불구하고 5.33배의 시세가 나왔습니다. 순간적으로 변동성이 폭발했기 때문입니다. 변동성이 터지면 논리적으로 설명 안 되는 가격흐름이 발생하고 나서야 정상적인 가격으로 회귀합니다. 고평가된 옵션을 더 높은 가격에 매도하려는 메이저들이 들어와 시장을 안정화시킵니다.

시간	선물	풋212	풋210	풋207
09:04	227.70	0.05	0.03	0.02
09:10	222.70	0.31	0.19	0.11
6분	5.00 하락	5.20배	5.33배	4.50배

③ 콜 옵션의 시세

콜 옵션에서 시세가 나왔을 때 60분선의 저항은 예측 가능한 자리였습니다. 따라서 60분선 부근에서는 청산을 하는 것이 올바른 선택이었고, 콜을 다시 거래할 경우 매수 자리는 다중 바닥에서 매수하는 것이 올바른 방법입니다.

시간	선물	콜230	콜232	콜235
10:20	222.40	0.23	0.08	0.03
12:50	230.00	2.07	0.82	0.25
2시간 30분	7.60 상승	8.00배	9.25배	7.33배

26. 위클리 옵션 29주 차

5영업일 중 3일간 옵션에서 시세가 발생했고 풋225에서 5.33배, 콜247에서 4.25배의 시세가 발생했습니다. 만기일에는 4번의 시세가 발생한 위클리 옵션이었습니다.

1) 2020. 04. 06 월 위클리 옵션 29주 차
① 선물 일봉
1.65포인트의 갭 상승을 동반한 진폭 8.05포인트의 양봉으로 20일선을 돌파 안착한 모습입니다.

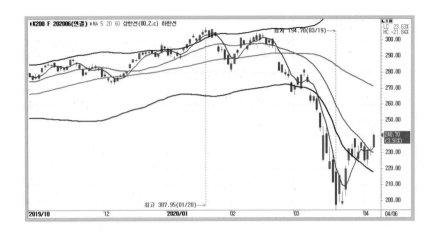

② 선물 10분봉

장볼 상단을 돌파했지만 이격조정으로 장볼 안으로 회귀한 후 추가로 상승해 장볼 상단 부근에서 마감한 장세였습니다. 20분선을 터치하지 않은 채로 상승을 이어 나갈 때는 추세의 연속성을 보이는 경우가 많습니다.

③ 콜 옵션의 시세 1

옵션의 등합은 급락하면 증가하고 상승하면 감소하는 경향이 있습니다. 3월에 추세적으로 폭락하면서 급격히 증가했던 등합은 선물의 하락분을 상당 부분 회복하면서 등합이 줄어들었습니다. 하지만 여전히 높은 편이라 상승을 해도 옵션의 프리가 줄면서 콜 옵션에서 시세가 크게 나오지 않는 것입니다. 다음의 콜 옵션 시세에서 수익률 차이가 별로 없는 것이 그 이유입니다.

시간	선물	콜250	콜255	콜260
09:10	233.25	0.37	0.16	0.08
09:40	237.75	0.97	0.43	0.22
30분	4.50 상승	1.62배	1.69배	1.75배

④ 콜 옵션의 시세 2

옵션 매수는 매수금액만 있으면 되지만 옵션 매도는 많은 증거금이 필요합니다. 그래서 자금력이 부족한 개미들은 매도보다 매수를 선호하고, 자금력이 막강한 외인과 기관들은 매도를 선호합니다. 옵션의 매도는 매수보다 유리합니다. 시간가치의 감소라는 덤을 갖고 있기 때문입니다. 옵션의 거래는 수요와 공급의 법칙에 의해 움직입니다. 항상 장 초반은 옵션의 매수세가 활발해 시세가 탄력적입니다. 매도 세력들이 공격적으로 나서기보다는 관망을 하면서 좋은 가격에 매도할 시기를 저울질하기 때문입니다. 그러다 옵션의 탄력이 둔화되면 그때부터 적극적으로 매도를 하면서 옵션의 프리가 죽기 시작합니다. 수요와 공급에서 공급(매도)이 많아지기 때문입니다. 그리고 마감이 다가오면 옵션을 매수했던 세력들이 매수를 청산하기 위해 매도세로 돌변하면서 옵션의 프리는 더욱 감소하게 됩니다. 매도자들은 장이 마감해도 시간가치의 감소가 자신들에게 유리하게 작용하기 때문에 매도를 청산하지 않고 매도 오버를 하는 것이 대부분입니다.

시간	선물	콜250	콜255	콜260
11:00	234.60	0.52	0.23	0.11
15:10	241.30	1.47	0.70	0.32
4시간 10분	6.70 상승	1.82배	2.04배	1.90배

2) 2020. 04. 08 수 위클리 옵션 29주 차

① 선물 10분봉

60분선이 살아 있는 상태에서는 일시적으로 60분선을 이탈하더라도 회복할 확률이 높습니다. 다음 차트에서 보면 60분선을 이탈했지만 회복하는 흐름을 보였고, 이후 이평의 수렴이 끝나자 장볼

상단까지 반등하고 1시간 정도 장볼 상단에서 공방을 벌이다 30분 만에 장볼 하단까지 급락했던 장세였습니다.

② 콜 옵션의 시세

빠른 속도로 60분선을 회복하는 흐름으로 인해 콜260의 시세는 결제의 가능성은 희박해도 3.33배의 시세가 나왔습니다. 선물의 흐름이 빠르게 움직일 때 외가로 갈수록 수익률이 좋습니다.

시간	선물	콜250	콜255	콜260
09:40	241.30	0.60	0.15	0.03
10:30	245.10	1.43	0.45	0.13
50분	3.80 상승	1.38배	2.00배	3.33배

③ 풋 옵션의 시세

선물이 저점인 240.25를 찍었을 때 풋225는 6외가였지만, 0.19로 상당히 고평가된 수준이었습니다. 선물이 30분 만에 6.45포인트의 급락이 나오면서 순간적으로 변동성이 살아났기 때문입니다. 이렇게 고평가된 프리는 고평가 현상을 해소하기 위해 횡보성 하락이나 상승을 할 확률이 아주 높아집니다. 즉, 추세의 연속성이 나올

시간	선물	풋230	풋225	풋220
15:00	246.70	0.08	0.03	0.02
15:30	240.25	0.42	0.19	0.09
30분	6.45 하락	4.25배	5.33배	3.50배

확률이 적은 구간으로 고평가 현상이 해소되어야 옵션에서 시세가
다시 나오게 됩니다.

3) 2020. 04. 09 목 위클리 옵션 29주 차 만기일

① 선물 10분봉

전일 장볼 하단까지 급락해 마감했던 선물은 4.50포인트의 갭 상
으로 장볼 상단에서 시작하면서 바로 밀리는 흐름이었습니다. 하
지만 당일의 저점 부근에서는 아래 꼬리를 단 봉들이 연속적으로
출현해 추가 하락은 용인하지 않겠다는 메이저의 의도가 엿보이는
장세였습니다.

② 풋 옵션의 시세

만기까지 4시간 40분의 시간이 남아 있는 10:40경 선물이 242.30
을 찍을 때 풋232는 4외가로 결제는 거의 희박한 확률이었지만, 갭
상승으로 풋 옵션의 가격이 급락해 고평가 상태를 해소하자 0.03에

서 0.12까지 3배의 시세가 나왔습니다. 그러자 다시 풋 옵션의 프리에 거품이 잔뜩 낀 상태가 되었습니다. 항상 옵션의 프리는 고평가 상태에서 프리를 빼는 구간과 이것이 해소되면 다시 시세가 나오는 구간이 공존합니다.

시간	선물	풋237	풋235	풋232
10:00	245.45	0.14	0.06	0.03
10:40	242.30	0.45	0.23	0.12
40분	3.15 하락	2.21배	2.83배	3.00배

③ 콜 옵션의 시세 1

풋 옵션의 시세가 나오면서 콜 옵션의 프리가 말라비틀어진 상태가 되자 2.05포인트의 반등에도 3외가인 콜252는 0.05까지 1.50배의 시세가 나왔지만, 0.05의 가격 역시 고평가된 가격이었습니다.

시간	선물	콜247	콜250	콜252
11:50	242.25	0.27	0.08	0.02
12:30	244.30	0.61	0.18	0.05
40분	2.05 상승	1.26배	1.25배	1.50배

④ 콜 옵션의 시세 2

앞의 표와 다음의 표를 비교하면 선물이 244.30에서 242.50까지 1.80포인트 하락하자 콜247의 가격은 0.61에서 0.11로 50틱이나 줄어들었습니다. 방향에 의한 가격하락과 1시간 동안의 시간가치 감소가 동시에 진행되었기 때문입니다. 그리고 반등해 244.30보다 높은 244.85포인트에 도달했어도 244.30일 때 형성했던 0.61보다 훨씬 낮은 가격인 0.44를 찍었을 뿐입니다.

시간	선물	콜247	콜250	콜252
13:30	242.50	0.11	0.03	0.01
14:00	244.85	0.44	0.12	0.03
30분	2.35 상승	3.00배	3.00배	2.00배

⑤ 콜 옵션의 시세 3

만기일은 15:20에 거래가 마감됩니다. 15:10에 선물이 244.70을 찍을 때 콜250은 2외가로 결제될 가능성은 거의 없는 상태인데도 가격은 0.01~0.04로 3배의 시세가 나왔습니다. 논점은 시세와는 별개로 0.04의 가격이 엄청나게 고평가되어 거래되고 있다는 사실입니다. 이처럼 만기까지 10분이 남아 있는 상태에서도 가격이 싸다는 이유로 매수세가 몰리면서 옵션의 가치가 고평가된 상태에서 거래되는 경우가 많습니다. 마찬가지로 콜247도 1외가로 가격이 0.21인데 10분 만에 최소한 2.5포인트 이상 상승해야 결제될 가능성이 있어 엄청나게 고평가된 상태입니다. 종합주가지수로 환산하면 20포인트 이상이 상승해야 하는데 그럴 가능성은 희박하지만 역시 로또의 개념으로 매수하는 세력이 존재합니다. 옵션의 시세는 나비처럼 왔다가 벌처럼 사라집니다. 시세가 순간적으로 발생할 때 적당히 청산하고 다시 저점을 노리는 전략인 Blash 전략은 유용한 전략입니다.

시간	선물	콜245	콜247	콜250	콜252
15:00	242.65	0.36	0.04	0.01	0.01
15:10	244.70	1.25	0.21	0.04	0.01
10분	2.05 상승	2.47배	4.25배	3.00배	보합

27. 위클리 옵션 **30주 차**

4영업일 중 3일간 옵션에서 시세가 발생했고 콜250에서 5배, 풋
235에서 4배의 시세가 발생한 위클리 옵션이었습니다.

1) 2020. 04. 14 화 위클리 옵션 30주 차

① 선물 10분봉

일봉에서 박스권 흐름이지만 10분봉에서는 장볼 상·하단을 오가
는 흐름입니다. 2.80포인트의 갭 상승으로 60분선에서 공방을 벌이
다 장볼 상단까지 반등한 후 반락해 마감한 장세였습니다.

② 콜 옵션의 시세

콜 옵션의 시세는 외가로 갈수록 좋기도 하지만 커버드 콜이나 강세스프레드 등과 연관될 경우는 외가로 갈수록 저평가현상이 심해집니다. 표에서 보면 콜260보다는 콜257의 수익률이 더 좋은 이유는 만기와 관련이 있습니다. 수요일이 임시공휴일로 지정되어 시간가치의 감소가 급격히 이루어지고, 또 만기까지 콜260의 결제는 힘들다고 시장 참여자들이 느끼기 때문입니다. 만일 수요일이 휴일이 아니었다면 콜260의 수익률이 더 좋았을 것입니다. 종가의 코스피200은 247.45, 등합은 4.76로 만기를 하루 앞둔 시점에서는 상당히 높은 수준이었습니다.

시간	선물	콜252	콜255	콜257	콜260
09:30	243.45	0.32	0.13	0.04	0.02
13:20	248.20	0.91	0.43	0.17	0.06
3시간 50분	4.75 상승	1.84배	2.31배	3.25배	2.00배

2) 2020. 04. 16 목 위클리 옵션 30주 차 만기일

① 선물 10분봉

장볼 상단과 하단을 오가는 과정에서 하락할 때 장볼 하단을 건드리지 않을 경우, 하방은 제한적이고 상방의 힘은 강해지는 것이 일반적입니다. 다음 차트에서 장볼 상단에서 밀리는 흐름을 보였지만, 장볼 하단에 닿기 전에 반등이 나와 60분선을 중심으로 완만하게 상승하며 마감한 형태로 추가 상승할 가능성이 높은 패턴입니다.

② 풋 옵션의 시세

30분 만에 3.45포인트의 급락을 보이자 풋235가 3외가가 되면서 4배의 시세를 주었습니다. 더구나 만기까지 5시간 20분이 남아 있어 외가의 수익률이 더욱 좋았던 것입니다.

시간	선물	풋242	풋240	풋237	풋235
09:10	246.05	0.44	0.17	0.04	0.01
09:40	242.65	1.27	0.49	0.16	0.05
30분	3.45 하락	1.89배	1.88배	3.00배	4.00배

③ 콜 옵션의 시세

풋 옵션의 시세에 이어 콜 옵션에서 옆술이 발생해 콜250에서 5배의 옆줄 시세가 발생했습니다. 그리고 3.45포인트 하락해 풋 옵션에서 시세가 나온 것처럼 콜 옵션도 3.45포인트 상승으로 시세가 나왔습니다. 그런데 같은 3.45포인트의 하락과 상승을 했고, 하락할 때 30분, 상승할 때 60분이 걸렸는데도 콜 옵션의 시세가 더 좋았던 이유는 선물 10분봉에서 설명한 상방의 힘이 강했기 때문입니다. 옆줄의 시세는 일종의 변곡으로 옆줄을 잘 타면 상당한 수익이 나오기 때문에 세심하게 차트를 관찰해야 합니다.

시간	선물	콜245	콜247	콜250	콜252
09:40	242.65	0.66	0.17	0.03	0.01
10:40	246.05	2.32	0.84	0.18	0.04
60분	3.45 상승	2.52배	3.94배	5.00배	3.00배

28. 위클리 옵션 31주 차

5영업일 모두 옵션의 시세가 발생했고 콜257에서 28배, 풋227에서 31.33배의 시세가 발생한 위클리 옵션이었습니다.

1) 2020. 04. 17 금 위클리 옵션 31주 차

① 선물 일봉

4.80포인트의 갭 상승을 동반한 진폭 5.10포인트의 양봉입니다. 7일간의 횡보를 마치고 상방으로 방향을 잡은 것으로 보이지만, 5일선의 이격을 좁히기 위한 과정이 필요해 보입니다. 중기적으로 상방의 마인드가 유리해 보입니다.

② 선물 10분봉

장볼 상단을 돌파하면 반락해 장볼 안으로 들어오는 케이스가 대부분입니다. 하지만 추세가 강할 경우 다른 모습을 보이는 경우가 있는데, 이를 '고점놀이'라고 합니다. 고점놀이는 2가지의 모습을 보입니다. 하나는 갭 상으로 장볼 상단을 돌파하고 추가 상승 후 횡보를 하면서 올라오는 장볼 상단을 기다려 장볼 안으로 들어오는 경우입니다. 다른 하나는 갭 상으로 장볼 상단을 돌파하고 반락해

장볼 상단까지 밀리지만, 올라오는 장볼 상단의 지지를 받으며 상
승을 하는 경우입니다. 고점놀이는 하방경직을 보여 장이 강하다
는 인식을 하게 만들지만, 주식과 달리 옵션 거래에서 고점놀이는
매수자에게는 아주 불리합니다. 횡보가 길어지면서 옵션의 가격인
프리가 줄어들기 때문입니다.

③ 콜 옵션의 시세

선물이 256.70을 찍을 때 콜의 막내인 콜267은 0.68을 찍어 3배
의 시세를 주었지만, 큰 시세를 주기는 어려웠습니다. 옵션의 시세
는 0.10 미만에서 나오기 때문입니다.

시간	선물	콜260	콜262	콜265	콜267
09:00	251.60	0.90	0.53	0.25	0.17
10:50	256.70	2.46	1.65	1.06	0.68
1시간 50분	5.10 상승	1.73배	2.11배	3.24배	3.00배

2) 2020. 04. 20 월 위클리 옵션 31주 차

① 선물 10분봉

장시간 완만하게 하락하면서 60분선의 기울기가 옆으로 눕자 하
락으로 방향을 튼 모습입니다. 장볼 하단까지 하락했지만 장볼의
폭이 줄어든 상태여서 관성에 의해 추가 하락할 가능성이 높아 보
이는 패턴입니다.

② 풋 옵션의 시세

하락의 기울기가 완만해 풋 옵션의 시세가 작게 나왔습니다. 옵션의 시세는 항상 단시간에 선물이 급변할 경우 발생합니다.

시간	선물	풋245	풋242	풋240	풋237
13:20	254.25	0.67	0.44	0.27	0.17
15:10	250.65	1.30	0.88	0.57	0.39
1시간 50분	3.60 하락	0.94배	1.00	1.11배	1.29배

3) 2020. 04. 21 화 위클리 옵션 31주 차

① 선물 일봉

1.95포인트의 갭 하락을 동반한 진폭 7.00포인트의 아래 위 꼬리 단 도지 형태의 음봉입니다. 북한의 김정은 건강이상설로 요동친 장세로 북한과 관련된 돌발악재는 대부분 장 중 풋 옵션에서 큰 시세를 주고 상승으로 턴했습니다(ex : 북 핵실험, 김정일 사망 등).

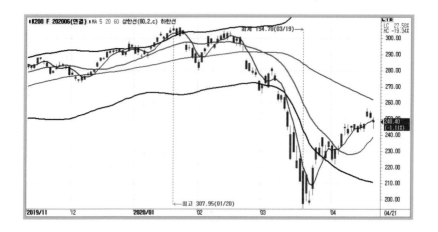

② 선물 10분봉

　장볼 하단을 이탈한 상태에서 출발한 시장은 반등을 모색했지만 김정은 건강 이상설로 급락해 장볼 하단을 심하게 이탈하는 가격조정과 기간조정을 거치고 반등해 60분선 부근에서 마감한 장세였습니다.

③ 풋 옵션의 시세

북한과 관련한 돌발악재는 항상 풋 옵션에서 큰 시세를 주고 사라졌습니다. 짧은 시간에 선물이 급락하고 반등했기 때문입니다. 그래서 옵션의 시세를 나비처럼 왔다가 벌처럼 날아간다고 합니다. 다음의 표에서 71분 동안 선물이 7포인트 급락해 10분에 1포인트씩 하락한 꼴입니다. 그리고 가격대가 대부분 0.10 미만대로 큰 시세가 나올 조건을 갖추고 있었습니다.

시간	선물	풋235	풋232	풋230	풋227
10:32	251.15	0.11	0.07	0.04	0.03
11:43	244.15	1.76	1.45	1.20	0.97
71분	7.00 하락	15.00배	19.70배	29.00배	31.33배

4) 2020. 04. 22 수 위클리 옵션 31주 차

① 선물 일봉

3.20포인트의 갭 하락을 동반한 진폭 7.85포인트의 양봉입니다.

② 선물 10분봉

다우의 급락으로 3.20포인트 하락 출발한 시장은 장볼 하단 부근에서 2시간 정도의 기간조정을 거치고 반등을 시작해 장볼 상단까지 상승해 마감한 장세였습니다.

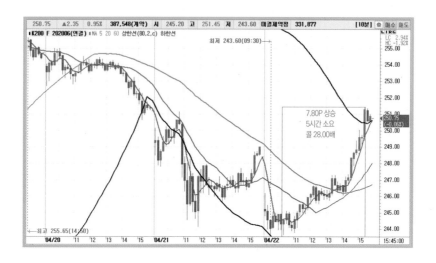

③ 콜 옵션의 시세

옵션의 시세는 생각하는 것보다 더 눌림을 받아야 살아나기 때문에 죽어야 살아나는 생물입니다. 전일 콜257은 장 중 고점이 0.40이고 종가는 0.37이었습니다. 그리고 선물이 갭 하락을 하면서 시가는 0.07로 충분히 가격 메리트가 생겼지만, 선물 10분봉에서 기간조정을 받자 0.01까지 밀리고 나서야 큰 시세가 발생했습니다. 다음의 표에서도 옵션의 가격이 0.10 미만에서 큰 시세가 나왔음을 보여줍니다.

시간	선물	콜250	콜252	콜255	콜257
10:20	243.65	0.54	0.17	0.04	0.01
15:20	251.45	3.31	1.84	0.83	0.29
5시간	7.80 상승	5.13배	9.82배	19.75배	28.00배

5) 2020. 04. 23 목 위클리 옵션 31주 차 만기일

① 선물 10분봉

전일의 반등에 이은 관성으로 추가 상승을 보였지만 장볼 상단의 저항으로 반락했습니다. 이후 20분선의 지지를 확인하고 다시 반등했지만, 장 초반의 고점을 강하게 돌파하지 못하고 등락을 하며 마감한 장세였습니다.

② 콜 옵션의 시세 1

전일 콜257은 0.29까지 시세가 나왔는데, 오늘의 시가는 0.12에서 추가로 0.03까지 밀리고 나서 0.30까지 9배의 시세가 나왔습니다. 옵션에서 쌍봉은 의미 있는 자리이며, 강력한 저항의 역할을 합니다. 옵션은 횡보만 하더라도 시간가치가 감소해 음봉이 더 많이 발생하기 때문입니다.

시간	선물	콜250	콜252	콜255	콜257
09:30	250.30	1.96	0.70	0.17	0.03
10:10	254.00	4.85	2.69	1.02	0.30
40분	3.70 상승	1.47배	2.84배	5.00배	9.00배

③ 풋 옵션의 시세 1(2019. 12. 05 목/ 2020. 03. 26 목 참조)

콜 옵션의 시세에 이어 바로 풋 옵션에서 옆줄이 발생해 풋252에서 2.5배의 시세가 발생했습니다. 콜 옵션만큼 시세가 나오지 않은 이유는 하락의 기울기가 완만했기 때문입니다.

시간	선물	풋252	풋250	풋247	풋245
10:10	254.00	0.42	0.13	0.04	0.01
11:50	250.60	1.47	0.43	0.10	0.03
100분	3.40 하락	2.50배	2.31배	1.50배	2.00배

④ 콜 옵션의 시세 2

만기가 다가오면 행사가별로 옵션의 가격 움직임이 달라집니다. 콜250은 내재가치를 지닌 옵션이기 때문에 선물의 흐름과 연동된 흐름을 보이지만, 콜257은 10:10에 0.30에서 12:50에는 0.01까지 시간가치의 감소를 겪은 후에 반등을 했습니다. 외가 옵션은 가격 자체가 모두 시간가치입니다. 콜 255는 10:10에 선물이 254.00을 찍을 때 1.02였습니다. 하지만 12:50에 선물이 3포인트 하락한 251.00을 찍을 때는 0.06으로 시간가치가 96틱이나 줄어들고 나서야 0.77까지 11.83배의 시세가 발생했습니다. 이처럼 옵션의 시세는 지독한 눌림으로 시간가치가 거의 없어야 나옵니다.

시간	선물	콜250	콜252	콜255	콜257
12:50	251.00	2.15	0.54	0.06	0.01
14:10	254.40	5.15	2.88	0.77	0.08
80분	3.40 상승	1.39배	4.33배	11.83배	7.00배

⑤ 풋 옵션의 시세 2

콜 옵션의 시세에 이어 풋 옵션에서 옆줄이 발생해 풋252에서 8배의 시세가 발생했습니다. 그런데 풋252의 가격은 11:50에 선물이 250.60을 찍을 때 1.47에서 14:10에 선물이 3.80상승한 254.40을 찍을 때 0.04로 143틱이나 감소한 상태였습니다. 개미들은 옵션이 반 토막 나면 싸다고 매수하는 경우가 많습니다. 하지만 반 토막이 나더라도 시간가치만 있는 옵션은 여전히 비싼 상태입니다. 옵션의 시간가치는 0으로 수렴되기 때문입니다. 그래서 시간가치가 거의 없을 때 옵션을 매수해야 제대로 된 시세가 나옵니다.

시간	선물	풋255	풋252	풋250
14:10	254.40	0.48	0.04	0.01
14:50	252.00	2.26	0.36	0.03
40분	2.40 하락	3.70배	8.00배	2.00배

⑥ 콜 옵션의 시세 3

콜255에서 9배의 시세가 나온 이유는 마감이 다가오면서 7분 만에 1.70포인트의 급등이 나왔고, 투기매수세가 유입되었기 때문입니다. 콜255가 0.20을 찍을 때 선물은 253.95로 콜255가 결제될 가능성은 희박하지만, 결제될 가능성을 두고 공격적으로 매수하는 투기 세력과 기존 매도세가 적극적으로 청산하면서 매수세가 급속히 강해지면서 나타나는 현상입니다. 하지만 이 현상은 순간적으로 사라집니다. 관망하던 큰손들이 이렇게 좋은 먹잇감을 그대로 놔두지 않기 때문입니다. 실제 콜255는 0.20까지 시세가 나왔다가 순간적으로 시세가 꺼져 동시호가는 0.03으로 마감하고, 코스피200의 결제지수는 253.74로 꽝이 되고 말았습니다. 이를 두고 옵션의 시세를 나비처럼 왔다가 벌처럼 사라진다고 합니다.

시간	선물	콜252	콜255
15:01	252.25	0.80	0.02
15:08	253.95	2.20	0.20
7분	1.70 상승	1.75배	9.00배

29. 위클리 옵션 **32주 차**

4영업일 중 4일 모두 옵션의 시세가 발생했고, 콜262에서 7배, 풋 255에서 4배의 시세가 발생한 위클리 옵션이었습니다.

1) 2020. 04. 24 금 위클리 옵션 32주 차

① 선물 10분봉

하락 출발한 선물 시장은 횡보를 하면서 방향성을 탐색하다 내려오는 20분선의 저항으로 장볼 하단까지 밀리는 흐름을 보여준 장세였습니다.

② 풋 옵션의 시세

금요일은 잔존 기간이 길어 시간가치가 많이 붙어 있습니다. 따라서 풋 옵션의 고평가 현상으로 하락을 하더라도 큰 시세가 나오기 힘든 구조가 많습니다. 다음의 표에서 막내인 풋232의 저점은 0.26

으로 큰 시세가 나올 조건과는 거리가 먼 가격이었습니다. 실제 풋 옵션의 고평가 현상은 하락추세에서 나타납니다. 그래서 하락에 대한 대비가 필요합니다. 하지만 위클리 옵션에서는 추세가 하락이라도 시간가치의 감소가 진행됩니다. 시간가치는 만기가 짧을수록 급격히 감소하고 만기가 임박하면 0으로 수렴되기 때문입니다. 이와 같은 특성 때문에 풋 옵션이 고평가될수록 고평가 현상을 해소하는 흐름이 반드시 나오게 됩니다. 시세를 주더라도 파동을 그리며 시세를 준다는 것입니다(2020. 05. 28 목 참조). 하락장에 풋 옵션 매수로 망한다는 말은 풋 옵션이 너무 고평가 상태라면 하락을 맞추고도 손실이 난다는 말입니다. 실제로 다음의 표처럼 풋 옵션이 고평가되어 있을 경우에는 풋 옵션의 고평가를 해소하는 흐름이 나옵니다.

시간	선물	풋240	풋237	풋235	풋232
11:50	251.80	0.73	0.53	0.38	0.26
14:10	247.95	1.44	1.10	0.82	0.61
2시간 20분	3.85 하락	97%	1.07배	1.15배	1.34배

2) 2020. 04. 27 월 위클리 옵션 32주 차

① 선물 10분봉

가격조정이 나오면 기간조정을 받고 나서 상승을 하는 것이 파동의 속성입니다. 전일 장볼 하단까지 가격조정 후 기간조정으로 마감한 상태였습니다. 그리고 장 초반 추가횡보를 해 기간조정을 마치고 나자 본격적인 반등을 시작해 장볼 상단까지 그 흐름을 이어가는 장세였습니다.

② 콜 옵션의 시세

선물의 상승은 콜 옵션의 가격에 우호적이지만, 시간이 4시간 40분이나 걸린 것은 변동성과 시간가치의 감소로 상승을 했어도 콜 옵션에서 큰 시세가 나오지 않았습니다.

시간	선물	콜257	콜260	콜262	콜265
09:50	250.05	0.63	0.28	0.11	0.05
14:30	255.60	2.05	1.12	0.55	0.25
4시간 40분	5.55 상승	2.25배	3.00배	4.00배	4.00배

3) 2020. 04. 28 화 위클리 옵션 32주 차

① 선물 10분봉

상승을 해 장볼 상단을 터치하면 밀리더라도 재차 장볼 상단을 터치하는 경우가 많습니다. 그리고 올라오는 60분선은 바로 이탈하기보다는 지지의 확률이 더 높습니다. 게다가 이 자리가 일봉상

5일선이어서 그 확률은 더욱 높았습니다. 다음 차트에서도 재차 장볼 상단을 터치하고 60분선까지 밀린 후 저가매수세의 유입으로 완만하게 상승한 장세였습니다.

② 풋 옵션의 시세

목요일이 공휴일 경우에는 만기가 앞당겨져 수요일이 만기가 됩니다. 따라서 시간가치의 감소가 커져 풋 옵션에서 작은 시세가 나왔습니다. 또한 풋 옵션에서 큰 시세가 나오려면 최소한 장볼 하단까지 하락하는 흐름이 나와야 합니다.

시간	선물	풋250	풋247	풋245	풋242
10:00	256.60	0.40	0.21	0.11	0.06
11:00	252.60	1.21	0.71	0.39	0.22
60분	4.00 하락	1.95배	2.38배	2.54배	2.67배

③ 콜 옵션의 시세 1

풋 옵션의 시세에 이어 콜 옵션에서 옆줄이 발생해 콜260에서 1.35배의 옆줄 시세가 발생했습니다. 만기를 하루 앞둔 상태로 시간가치의 감소가 맞물려 작은 시세가 발생했습니다.

시간	선물	콜257	콜260	콜262
11:00	252.60	0.54	0.17	0.05
13:00	254.85	1.07	0.40	0.11
2시간	2.25 상승	98%	1.35배	1.20배

④ 콜 옵션의 시세 2

콜 옵션의 시세 1과 비교하면 콜260은 20분 동안 선물이 1.25포인트 하락하면서 0.40~0.20까지 20틱이나 하락해 반 토막이 난 상태였습니다. 즉, 옵션의 프리인 가격은 방향이 틀릴 경우 델타의 손실이 더해져 하락폭이 더 커집니다. 방향에 대한 손실과 시간가치 감소에 의한 손실이 합쳐지기 때문입니다.

시간	선물	콜257	콜260	콜262
13:20	253.60	0.67	0.20	0.05
14:20	255.50	1.20	0.44	0.12
60분	1.90 상승	79%	1.20배	1.10배

4) 2020. 04. 29 수 위클리 옵션 32주 차 만기일

① 선물 10분봉

장볼 상단에서 60분선까지 밀렸을 경우 60분선이 우상향상태라면 60분선의 지지를 받고 반등해 장볼 상단을 돌파하는 흐름이 자주 발생합니다. 이 모양은 자주 발생하는 중요한 패턴으로 반드시 익혀두시기 바랍니다. 장볼 상단을 돌파하면서 콜의 시세가 본격적으로 발생하기 때문입니다.

② 콜 옵션의 시세 1

콜262에서 7배의 작지 않은 시세가 발생했습니다. 통상 장볼 상단을 급하게 돌파할 때 콜 옵션에서 시세가 발생하는 경우가 많습니다. 다만 주의할 점은 장볼 상단과 봉의 이격이 심하면 기간조정을 항상 염두에 둬야 합니다. 그리고 콜265는 선물이 259.45를 찍을 때 2외가 옵션에 근접했지만, 일봉상 60일선을 강하게 돌파해야 결제 가능한 행사가이기 때문에 시세가 나오지 않았던 것입니다.

시간	선물	콜257	콜260	콜262	콜265
09:20	255.40	0.63	0.14	0.02	0.01
10:30	259.45	2.47	0.83	0.16	0.03
70분	4.05 상승	2.92배	4.92배	7.00배	2.00배

③ 풋 옵션의 시세 1

콜 옵션의 시세에 이어 풋 옵션에서 옆줄이 발생해 풋255에서 1.75배의 옆줄시세가 발생했습니다. 단기 급등에 대한 조정성격으로 풋 옵션의 시세는 크지 않았습니다.

시간	선물	풋260	풋257	풋255
10:30	259.45	1.21	0.28	0.04
12:50	257.30	2.40	0.70	0.11
2시간 20분	2.15 하락	98%	1.50배	1.75배

④ 콜 옵션의 시세 2(2020. 01. 08 수/ 2020. 02. 20 목/ 2020. 03. 03 화/ 2020. 03. 10 화 참조)

풋 옵션의 시세에 이어 콜 옵션에서 옆줄이 발생해 콜260에서 2.18배의 옆줄시세가 발생했습니다. 만기일은 시간가치의 감소가 가장 빠르게 일어나는 날입니다. 선물이 2.15포인트 하락하자 콜260은 0.83~0.11로 시간가치가 72틱이나 감소해 거의 8토막이 난 상태였습니다. 그렇게 시간가치가 급격히 감소해야 옵션의 시세가 나올 여건이 형성됩니다.

시간	선물	콜257	콜260	콜262
12:50	257.30	0.88	0.11	0.01
13:20	258.75	1.79	0.35	0.03
30분	1.45 상승	1.03배	2.18배	2.00배

⑤ 풋 옵션의 시세 2

선물이 20분 만에 1.65포인트의 급격한 하락을 보이자 1외가의 상태로 바뀐 풋255는 결제 가능성으로 4배의 시세가 발생했습니다.

시간	선물	풋260	풋257	풋255
14:20	258.80	1.14	0.14	0.01
14:40	257.15	2.54	0.55	0.05
20분	1.65 하락	1.22배	2.92배	4.00배

30. 위클리 옵션 **33주 차**

3영업일 중 3일 모두 옵션의 시세가 발생했고, 콜257에서 5배, 풋 252에서 5.5배의 시세가 발생한 위클리 옵션이었습니다.

1) 2020. 05. 04 월 위클리 옵션 33주 차

① 선물 10분봉

갭 하락이 과도해 장볼 하단을 이탈한 상태에서는 이격을 줄이는 반등이 나오지만, 반등 각도가 완만할 경우에는 재반락하는 흐름이 자주 발생합니다. 매도세가 강하기 때문입니다. 그래서 가격 조정의 폭이 클수록 진 바닥을 확인하는 과정인 기간조정을 거치게 됩니다. 그 형태는 다중 바닥이나 쌍 바닥의 모습으로 나타나는 경우가 많습니다.

② 풋 옵션의 가격

평소의 경우, 월요일은 만기까지 3일의 시간이 있지만, 다음 날이

휴일인 이유로 시간가치의 감소가 더 커지는 요인이 됩니다. 또한 옵션의 큰 시세는 0.10 미만의 가격에서 발생하는데 풋의 막내인 풋237의 저점은 0.25로 큰 시세가 나올 조건에 맞지 않습니다. 만 기까지의 시간을 고려했을 때 지나친 풋 옵션의 고평가로 인해 작 은 시세가 나왔던 것입니다. 풋 옵션이 고평가되면 대부분 풋 옵션 의 고평가를 해소하기 위한 흐름이 나오게 됩니다.

시간	선물	풋245	풋242	풋240	풋237
13:10	253.15	0.82	0.55	0.38	0.25
15:10	249.20	1.61	1.18	0.80	0.55
2시간	3.95 하락	96%	1.14배	1.10배	1.20배

2) 2020. 05. 07 목 위클리 옵션 33주 차 만기일

① 선물 10분봉

2.05포인트의 갭 하락으로 출발한 선물 시장은 저점을 높이는 쌍 바닥의 모습으로 장볼 상단까지 반등을 이어 나갔습니다. 60일선

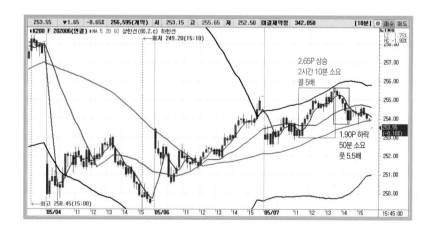

을 터치하지 않고 반등할 경우 장볼 상단까지 그 흐름을 이어 나가는 경우가 많습니다. 이후 장볼 상단에서 반락해 올라가는 60분선에서 마감했는데, 이러한 형태는 다시 장볼 상단을 테스트할 가능성이 높습니다.

② 콜 옵션의 시세

전일 콜257은 0.77으로 마감했는데 2.05포인트의 갭 하락이 나오자 콜257은 4토막 이상 하락한 0.18로 시가를 형성한 후 추가로 더 하락해 0.03까지 밀리고 나서야 5배의 시세가 발생했습니다. 선물이 13:30에 255.65를 찍을 때 콜257은 1외가 옵션이 되었고, 만기는 1시간 50분이 남아 있어 결제될 가능성이 높아져 시세가 나온 것입니다. 옵션이 고평가 상태가 되면 이를 해소하는 과정이 나온다고 했습니다. 그리고 해소가 되면 다시 시세가 나올 요건을 갖추게 되는 것입니다.

시간	선물	콜255	콜257
11:20	253.00	0.31	0.03
13:30	255.65	1.40	0.18
2시간 10분	2.65 상승	3.51배	5.00배

③ 풋 옵션의 시세

콜 옵션의 시세에 연이어 풋 옵션에서 옆줄이 발생해 풋252에서 5.5배의 시세가 나왔습니다. 1.90포인트의 하락에 5.5배의 시세는 제법 큰 시세입니다. 선물이 14:20에 253.75를 찍을 때 풋252는 거의 등가에 근접했고, 만기까지 1시간이나 남아 있어 옵션의 매수세가 강해졌기 때문입니다.

시간	선물	풋255	풋252
13:30	255.65	0.26	0.02
14:20	253.75	1.02	0.13
50분	1.90 하락	2.92배	5.50배

31. 위클리 옵션 34주 차

5영업일 중 4일간 옵션의 시세가 발생했고, 콜255에서 8배, 풋250에서 2.4배의 시세가 발생한 위클리 옵션이었습니다.

1) 2020. 05. 11 월 위클리 옵션 34주 차

① 선물 10분봉

상승 중에 60분선을 닿지 않고 오르면 추세는 유지되지만, 60분선을 자주 터치하면 그 추세는 약화되기 시작합니다. 12:10경 10분봉에서 이평의 수렴이 완성되고 나서도 60분 정도의 횡보를 보인 후 휩소성 반등이 나왔습니다. 이럴 경우 대부분 의구심이 생깁니다. 60분선을 지지했던 학습효과 때문입니다. 하지만 이평이 역배열된 상태이기 때문에 하락의 가능성이 더 높다고 판단해야 합니다. 대체로 수렴이 완성될 경우 휩소성격의 봉이 자주 나오기 때문에 객관적인 판단이 필요합니다.

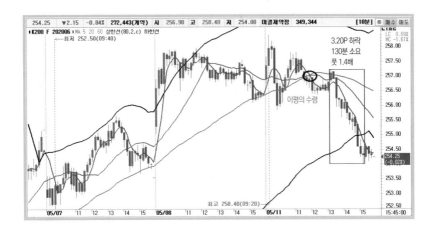

② 풋 옵션의 시세

지수가 상승하면서 등합이 줄긴 했지만 종가의 등합은 5.58로 높은 상태를 유지해 풋 옵션에서 큰 시세가 나지 않았습니다. 다음의 표에서 보면 행사가 별 수익률의 차이가 많이 나지 않은데, 이것은 풋 옵션의 고평가 영향 때문입니다.

시간	선물	풋245	풋242	풋240	풋237
13:10	257.20	0.32	0.22	0.15	0.17
15:20	254.00	0.68	0.49	0.36	0.27
2시간 10분	3.20 하락	1.12배	1.22배	1.40배	1.70배

2) 2020. 05. 12 화 위클리 옵션 34주 차

① 선물 10분봉

이평의 수렴이 완성되면 비교적 큰 추세가 나오는데, 전일의 고점 258.40에서 오늘의 저점 250.25까지 8.15포인트의 조정을 보였습니다. 장볼 하단을 터치하면 많이 빠졌다고 선물을 매수하는 경우가 많은데, 장볼 상단이 내려오고 장볼 하단이 올라오는 중이라면 조심해야 합니다. 장볼 역시 수축과 확장을 반복하기 때문입니다. 다음 차트를 보면 장볼이 수축된 상태인데 장볼이 확장되려면 선물이 장볼 하단을 강하게 이탈해야 확장이 시작됩니다. 이후 이평의 기울기가 완만해지는 기간조정을 거치면서 반등을 시도하게 됩니다. 선물의 차트는 프랙탈 구조이기 때문에 일봉에도 그대로 적용됩니다.

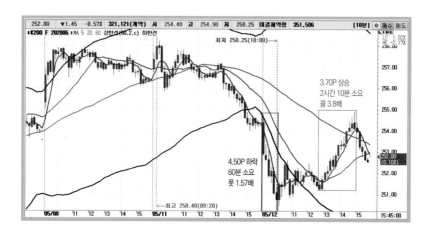

② 풋 옵션의 시세

선물은 급격한 하락을 이어 나갔지만, 풋 옵션의 시세는 행사가 별로 차이가 없습니다. 이러한 현상은 풋 옵션이 고평가되었을 때 나타나는 경우가 많습니다. 이러한 현상이 나오면 풋 옵션의 고평가를 해소하는 과정이 나오는 것이 대부분입니다.

시간	선물	풋245	풋242	풋240	풋237
09:00	254.75	0.44	0.30	0.20	0.14
10:00	250.25	1.13	0.75	0.51	0.35
60분	4.50 하락	1.57배	1.50배	1.55배	1.50배

③ 콜 옵션의 시세(콜265의 저점인 0.02는 11:40)

60분 동안 4.50포인트 하락하면서 풋 옵션은 1.57배의 시세가 나왔지만, 130분 동안 3.70 상승하면서 콜의 시세는 3.80배가 나와 콜의 시세가 더욱 큰 상태입니다. 이것은 일봉에서 아래 꼬리를 단 형태가 나오자 콜의 기대심리가 살아났기 때문입니다.

시간	선물	콜257	콜260	콜262	콜265
12:40	251.20	0.46	0.16	0.05	0.02
14:50	254.90	1.35	0.62	0.24	0.09
2시간 10분	3.70 상승	1.93배	2.87배	3.80배	3.50배

3) 2020. 05. 13 수 위클리 옵션 34주 차

① 선물 일봉

3.40포인트의 갭 하락을 동반한 진폭 6.70포인트의 양봉입니다. 다우가 1.89% 하락해 국내 선물이 하락 출발했으나, 이것을 저가 매수의 기회로 이용해 상승 마감한 형태입니다. 이처럼 다우의 하락으로 위축된 개미의 심리를 역이용하는 것은 의외로 자주 발생하는 패턴입니다.

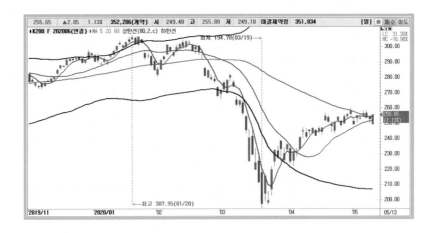

② 선물 10분봉

내려오는 60분선은 저항의 역할을 합니다. 전일 역시 60분선을 일시적으로 돌파했으나 저항으로 반락했고, 오늘은 이평이 정배열 될 때까지 2시간 이상을 횡보한 후에야 추가 반등을 이어간 장세였습니다. 직관적으로 저점에서 60분선까지 반등한 폭만큼 60분선에서 추가 반등한 것으로 대등수치가 완성된 형태입니다.

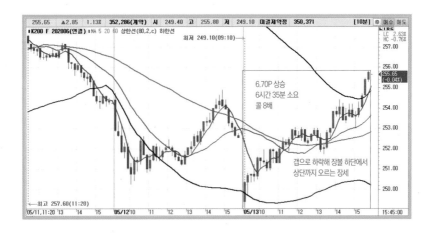

③ 콜 옵션의 시세

옵션은 죽어야 살아나는 생물입니다. 전일 0.66으로 마감했던 콜 257은 0.18로 시가를 형성하고 추가로 4틱이 밀려 78%의 폭락이 나온 후에야 시세가 나왔고, 콜260도 전일 0.25에서 0.04로 84%의 폭락 이후에야 시세가 나왔습니다. 이처럼 옵션은 가망이 없어 포기하고 싶을 때 시세가 나옵니다.

시간	선물	콜255	콜257	콜260	콜262
09:00	249.10	0.45	0.14	0.04	0.01
15:35	255.80	2.22	0.90	0.30	0.09
6시간 35분	6.70 상승	3.93배	5.43배	6.50배	8.00배

4) 2020. 05. 14 목 위클리 옵션 34주 차 만기일

① 선물 1분봉

만기일이지만 지속적으로 횡보를 보여 옵션의 시세가 거의 없었던 장세였지만, 만기가 임박하자 작은 흐름에도 불구하고 풋 옵션과 콜 옵션에서 시세가 나온 장세였습니다.

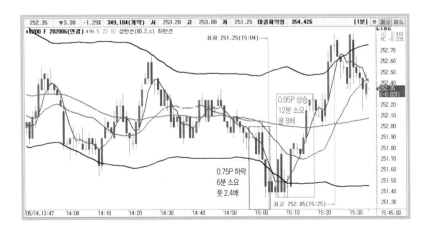

② 풋 옵션의 시세

14:58~15:04까지 6분간 선물이 252.00~251.25까지 0.75포인트의 하락에 풋250은 0.05~0.17까지 2.4배의 시세가 나왔습니다.

③ 콜 옵션의 시세

장 마감이 임박한 15:07~15:19까지 12분간 선물이 251.35~252.30까지 0.95포인트가 상승하자 콜255는 0.01~0.09까지 8배의 큰 시세가 발생했습니다. 이러한 시세가 나오는 이유는 장 마감이 임박할 때 호가를 잡아먹으며 들어오는 투기적인 매수 때문입니다. 콜255는 0.05로 마감했고, 코스피200은 252.83으로 마감한 후 0.82포인트가 오른 253.65로 결제가 되어 콜255는 결국 꽝이 되었습니다. 하지만 콜252는 0.41로 마감해 1.15로 결제되어 1.80배의 수익이 발생했습니다. 이처럼 동시호가에 결제를 들어가도 행사가 선정에 따라 천국과 지옥이 결정됩니다. 사실 결과를 놓고 따지면 동시호가 직전에 콜252를 매수하고, 콜255를 매도하는 전략이 가장 좋았습니다. 이를 '강세스프레드'라고 하는데, 여기서 설명은 생략합니다. 인터넷에서 강세스프레드라고 검색하면 이 전략에 대한 자세한 설명이 나옵니다.

32. 위클리 옵션 **35주** 차

5영업일 중 5일간 옵션의 시세가 발생했지만, 콜267에서 2.4배, 풋262에서 3배의 자잘한 시세만 나왔던 위클리 옵션이었습니다.

1) 2020. 05. 15 금 위클리 옵션 35주 차

① 선물 10분봉

'모난 돌이 정 맞는다'라는 속담처럼 장볼 상단이 평평할 경우 장볼 상단 위에서 선물이 시작하면 대부분 두들겨 맞는 형태의 모습을 보입니다. 하지만 반락을 했어도 전일의 저점을 훼손시키지 않는 쌍 바닥의 형태로 반등에 성공해 마감한 장세였습니다. 직관적으로 장볼 상단이 저항으로 작용은 했지만, 2번이나 장볼 상단을 터치한 형태로 추가로 터치하게 되면 장볼 상단은 저항의 강도가 상당히 약해지게 됩니다.

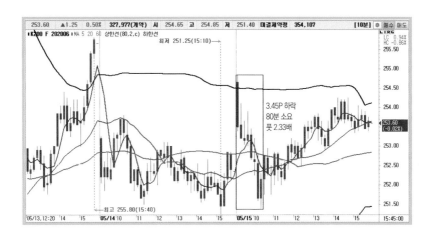

② 풋 옵션의 시세

일반적으로 장볼 상단에서 하락할 때 장볼 하단까지 하락을 할 경우에는 풋 옵션의 시세가 제법 나오지만, 중간에서 반등을 하게 되면 큰 시세가 나오지 않습니다.

시간	선물	풋240	풋237	풋235	풋232
09:00	254.85	0.30	0.19	0.13	0.06
10:20	251.40	0.66	0.43	0.30	0.20
80분	3.45 하락	1.20배	1.26배	1.30배	2.33배

2) 2020. 05. 18 월 위클리 옵션 35주 차

① 선물 10분봉

장볼 상단 위에서의 저항과 쌍봉의 모습으로 밀렸지만, 올라오는 60분선의 지지로 반등에 성공해 장볼 상단과 오전의 고점을 돌파하는 흐름이 나왔습니다. 직관적으로 10분봉의 장볼이 수축된 형태에서 장볼의 확장이 예상되는 구간이었습니다. 장볼 역시 수축과 확장을 반복합니다. 따라서 현재의 구간이 확장구간인지, 축소되는 구간인지를 면밀히 살펴야 합니다. 거래에 신경을 쓰다 보면 순간적으로 잊어버리는 경우가 생기기 때문입니다.

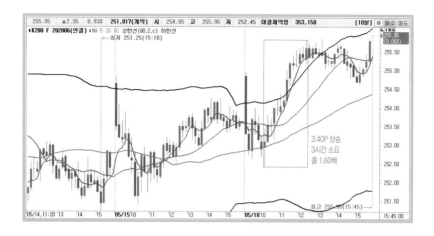

② 콜 옵션의 시세

일봉에서 작은 몸통이 연속으로 3개가 나오면서 시간가치의 감소가 커진 상태에서는 콜 옵션에서 큰 시세가 나오기 어렵습니다. 그리고 상승의 경우 풋 옵션의 가격하락폭이 커져 등합 역시 줄어들어 역시 콜 옵션의 시세가 나오기 힘든 구조가 됩니다. 이것이 하락을 의미하는 것은 아니고, 단지 콜 옵션의 특성상 완만하게 상승할수록 외가의 콜 옵션은 더욱 저평가되기 때문입니다.

시간	선물	콜260	콜262	콜265
10:10	252.45	0.38	0.14	0.05
13:10	255.85	0.82	0.34	0.13
3시간	3.40 상승	1.15배	1.42배	1.60배

3) 2020. 05. 19 화 위클리 옵션 35주 차

① 선물 일봉

4.70포인트의 갭 상승을 동반한 진폭 2.45포인트의 양봉입니다.

② 선물 10분봉

갭은 메우는 속성이 있지만 갭의 크기가 클수록 일시적으로는 추세의 강화를 의미합니다. 장볼 상단과의 이격이 심해 눌림을 받았지만 완만한 상태의 횡보를 보이며 자연스럽게 장볼 상단 안으로 복귀하고, 20분선에서 지지를 받고 추가 반등을 보인 케이스였습니다. 이러한 형태는 상승할 때 자주 나타나는 패턴으로 기억해둬야 합니다(2020. 06. 03 수 10분봉 참조).

③ 콜 옵션의 시세

콜 옵션의 시가가 전일 종가 대비 과도하게 상승하면 추격 매수는 위험합니다. 눌림을 받을 확률이 높기 때문입니다. 인내심을 갖고 올 것 같지 않은 가격에 매수하려고 노력해야 합니다. 콜270의 경우 전일 종가는 0.02였고 선물이 4.70포인트 갭 상승을 하자 0.12로 5배의 시세가 나왔지만, 선물이 20분선까지 밀리자 0.04까지 눌림을 받았습니다. 이때가 매수의 기회입니다. 20분선이 의미 있는 지지대였기 때문입니다.

시간	선물	콜262	콜265	콜267	콜270
12:20	260.20	0.89	0.31	0.10	0.04
14:00	262.40	1.86	0.84	0.34	0.13
100분	2.20 상승	1.08배	1.70배	2.40배	2.25배

4) 2020. 05. 21 목 위클리 옵션 35주 차 만기일

① 선물 10분봉

60분선이 살아 있는 상태로 상승추세이기는 하지만, 5일 연속 상승에 대한 피로감의 노출로 진폭 1.70포인트의 단봉으로 마감한 장세였습니다. 진폭도 추세가 있어 진폭이 감소되는 방향으로 진행되어 오늘에 이른 것입니다. 하지만 1.70포인트는 극도로 위축된 상태로 진폭은 다시 확대될 것입니다.

② 풋 옵션의 시세 1

진폭이 축소될수록 옵션의 프리는 빠르게 감소하는 경향이 있습니다. 그래서 프리는 말라비틀어진 상태지만 나름대로 장점을 가집니다. 시간가치가 거의 없어 방향이 맞으면 작은 진폭에도 불구하고 시세가 나오는 구조로 변화되기 때문입니다. 풋265는 선물이 262.75가 되면서 내재가치가 있는 1내가로 전환되어 시세가 나온 것이고, 풋262는 만기까지 4시간 6분이 남아 있는 상태에서 등가가 되어 시세가 나왔던 것입니다. 풋260 역시 1외가로 전환되어 가능성이 생기자 시세가 나온 것입니다.

시간	선물	풋265	풋262	풋260
09:53	264.45	0.81	0.11	0.02
11:14	262.75	1.94	0.44	0.07
81분	1.75 하락	1.39배	3.00배	2.50배

③ 풋 옵션의 시세 2

만기가 임박해지면 매수세가 강해지는 경우가 자주 발생합니다. 풋262는 결제의 가능성은 별로 없지만, 로또의 개념으로 싼 맛에 매수하려는 투기 세력이 몰려들기 때문입니다. 그들은 잃어봤자 2틱이라는 생각으로 진입하는데, 간혹 만기까지 큰 시세가 나오기도 합니다. 마감 동시호가에서 큰 폭으로 하락하는 경우가 종종 발생하기 때문입니다.

시간	선물	풋265	풋262
14:36	264.10	0.64	0.02
15:02	263.15	1.41	0.07
26분	0.95 하락	1.20배	2.50배

33. 위클리 옵션 **36주 차**

5영업일 중 5일간 옵션의 시세가 발생했고, 풋265에서 68배의 큰 시세와 콜267에서 8.57배의 시세가 나온 위클리 옵션이었습니다.

1) 2020. 05. 22 금 위클리 옵션 36주 차

① 선물 10분봉

올라오는 60분선은 지지의 역할을 하지만 추세가 바뀌는 경우에는 먼저 5, 20분선이 우하향하고 이어 장대음봉이 발생합니다. 60분선에 매수로 대놓은 물량을 다 소화시켜야 하기 때문입니다. 그리고 장볼 하단을 터치하는 경우에도 장볼이 수축된 상태에서 장볼 하단이 올라오고 있다면, 선물이 추가 하락할 확률이 높습니다. 장볼이 확장하려면 강한 하락이 나와야 하기 때문입니다.

② 풋 옵션의 시세

풋 옵션의 시세는 선물이 장볼 하단을 타고 움직이는 흐름이 나올 때 제법 큰 시세가 나옵니다. 또한 단위시간당 흐름이 빨라야 하고, 가격대가 0.10 미만대가 있어야 합니다. 풋 옵션의 막내인 풋242는 7.75배의 시세가 나왔는데, 가격대나 선물의 하락폭은 큰 시세가 나올 조건이었습니다. 하지만 5시간 50분의 소요시간은 변동성이 감소하는 요인으로 큰 시세가 나올 조건에 부합되지 않았습니다. 종가의 코스피200은 259.62로 등가가 260인데, 각각 4외가인 콜270은 0.10, 풋250은 0.80으로 7배의 차이가 납니다. 따라서 풋 옵션은 상당히 고평가된 상태입니다. 풋 옵션이 고평가되었을 때는 추세가 강한 하락인지를 따져야 합니다. 이러한 확률이 상대적으로 작다면 풋 옵션은 고평가 현상을 해소하는 과정을 거치게 됩니다. 여기서 고평가 현상을 해소한다는 것이 반드시 콜 옵션의 상승을 의미하는 것은 아닙니다. 풋콜패리티에 의해 지수가 상승하더라도 풋 옵션의 프리가 과도하게 빠지면 콜의 프리도 살아나기 힘들기 때문입니다.

시간	선물	풋250	풋247	풋245	풋242
09:00	263.85	0.19	0.13	0.08	0.04
14:50	257.90	0.99	0.70	0.50	0.35
5시간 50분	5.95 하락	4.21배	4.38배	5.25배	7.75배

2) 2020. 05. 25 월 위클리 옵션 36주 차

① 선물 10분봉

내려오는 60분선은 처음에 저항의 역할을 하지만 반락과 반등을 하면서 연속으로 60분선을 터치하면 저항의 역할이 약해지고, 이를 돌파하면 60분선의 지지를 확인하고 반등을 이어 나갑니다. 이때 반등의 목표는 일단 장볼 상단으로 정하는 것이 좋습니다. 눈에 보이는 목표치로 설정하기 편하고, 대부분 목표치를 충족하기 때문입니다. 다음 차트에서 5분선에서 역 헤드엔숄더의 형태가 발생했습니다. 쌍 바닥보다 신뢰도가 높은 상승패턴입니다.

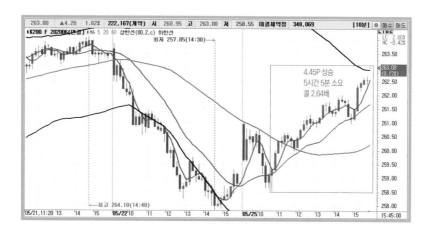

② 콜 옵션의 시세

외가로 갈수록 수익률이 좋지만 풋 옵션의 고평가가 해소되는 과정에서는 콜 옵션의 시세가 크게 나오지 않습니다. 옵션의 매매경험이 많다면 한쪽의 시세가 크게 나올 때 다른 한쪽이 강한 하방경직을 보인다는 것을 알 것입니다. 이것이 풋콜패리티의 원리입니다.

마찬가지로 선물이 상승을 하는데 풋 옵션의 가격이 너무 많이 하락하면 콜 옵션의 가격은 많이 오르지 못하는 것도 풋콜패리티 때문입니다. 이처럼 풋 옵션과 콜 옵션의 가격은 비례관계입니다. 이러한 현상은 만기가 다가올수록 두드러집니다. 선물이 오르는데도 콜 옵션은 하락하고 있고, 풋 옵션은 폭락하는 경우가 그러한 예입니다.

시간	선물	콜265	콜267	콜270	콜272
10:40	258.55	0.39	0.14	0.05	0.02
15:45	263.00	1.23	0.51	0.18	0.07
5시간 5분	4.45 상승	2.15배	2.64배	2.60배	2.50배

3) 2020. 05. 26 화 위클리 옵션 36주 차

① 선물 10분봉

장볼 상단을 돌파하면 장볼 안으로 회귀하는 것이 일반적이나, 추세가 나올 경우에는 추가로 상승한 후 횡보하면서 장볼 안으로 들어오게 됩니다. 20분선이 지지의 역할을 하고, 60분선은 45도 가

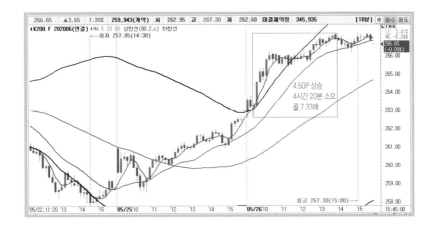

까운 각도로 상승을 하는 패턴입니다. 여기서 추세가 이어지려면 반락이 나와도 60분선을 터치하지 않아야 상승에 대한 신뢰도가 높아집니다.

② 콜 옵션의 시세

옵션의 결제 가능성이 높아지면 옵션에서 시세가 나옵니다. 선물이 13:50에 267.25를 찍었을 때 콜272는 4외가 옵션에서 2외가 옵션으로 변화되었고, 만기가 이틀하고도 1시간 20분이 남아 있는 상태에서는 충분히 도달 가능한 위치였기에 시세가 나왔습니다.

시간	선물	콜265	콜267	콜270	콜272
09:30	262.75	1.03	0.39	0.12	0.03
13:50	267.25	3.32	1.73	0.71	0.25
4시간 20분	4.50 상승	2.22배	3.43배	4.92배	7.33배

4) 2020. 05. 27 수 위클리 옵션 36주 차

① 선물 일봉

1.25포인트의 갭 하락을 동반한 진폭 3.40포인트의 위 꼬리 단 양봉으로 적삼병이 나왔습니다. 적삼병은 상승추세이지만 주의해야 할 것은 적삼병이 나온 다음 날 갭 상승을 하면 이격을 줄이기 위한 음봉이 나올 확률이 압도적으로 높아집니다.

② 선물 10분봉

60분선을 터치하지 않고 상승하는 것은 강한 장을 의미합니다. 그동안 지속적인 상승에 부담스러운 시장은 횡보를 하면서 눈치를 보다가 갭 하락으로 장을 시작하자 이를 매수의 기회로 삼아 고점을 높이는 흐름을 보였지만, 이내 밀려 60분선까지 밀리는 흐름을 보였습니다. 60분선에서는 반등이 나왔지만 저점은 높아지고, 고점은 낮아지는 횡보를 3시간 이상 지속하며 마감한 장세였습니다.

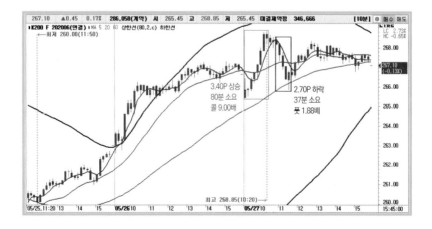

③ 콜 옵션의 시세

장 초반 하락 출발하고 상승으로 급하게 돌아서자 선물 3.40포인트의 상승에 9배라는 적지 않은 시세가 발생했습니다. 옵션의 매수는 시세가 나더라도 행사가마다 수익률이 다릅니다. 따라서 어느 행사가를 매수할지를 항상 고민해야 합니다. 예를 들어 콜265를 100만 원에 매수했다면 130만 원의 수익이지만, 콜272의 수익은 900만 원이나 됩니다.

시간	선물	콜265	콜267	콜270	콜272
09:00	265.45	1.86	0.70	0.17	0.03
10:20	268.85	4.28	2.39	0.99	0.30
80분	3.40 상승	1.30배	2.41배	4.82배	9.00배

④ 풋 옵션의 시세

상승추세에서 60분선을 처음 터치할 경우 지지할 확률이 높습니다. 이것이 옵션의 시세에 영향을 미치게 됩니다. 만일 고점에서 풋 옵션을 매수했다면 목표치를 풋 옵션의 가격이 아니고, 60분선을 터치할 때의 풋 옵션 가격으로 청산하는 것이 좋습니다.

시간	선물	풋265	풋262	풋260
10:47	268.55	0.42	0.17	0.07
11:24	265.85	1.09	0.49	0.20
37분	2.70 하락	1.59배	1.88배	1.85배

5) 2020. 05. 28 목 위클리 옵션 36주 차 만기일

① 선물 일봉

2.55포인트의 갭 상승을 동반한 진폭 6.10포인트의 아래 꼬리가 긴 음봉입니다. 적삼병이 나오고 나서 다음 날 갭 상승을 하고 추가 상승해 장 초반은 보기 좋은 양봉의 모습이지만, 반락이 나와 음봉이 되는 경우가 많습니다.

② 선물 10분봉

2.55포인트의 갭 상승으로 출발한 선물 시장은 금리발표 전까지 그 추세를 이어 나갔지만, 막상 0.25%p의 금리를 발표하자 호재는 사라지고, 그간 많이 올랐다는 이유로 하락이 시작되어 장볼 하단까지 밀리고 나서야 반등하고, 60분선 부근에서 마감한 장세였습니다. 통상 올라오는 60분선은 지지의 역할을 하지만, 60분선에서 바로 밀린 이유는 전일 60분선을 2번이나 터치해 지지의 강도가 약화되었기 때문입니다. 그리고 당일 붕괴된 60분선 부근에 갭 자리

가 있을 경우 장대음봉이 나오는 경우가 많습니다.

③ 풋 옵션의 시세 1

풋 옵션의 큰 시세는 장볼 상단을 돌파한 상태에서 장볼 하단까지 급하게 밀리면서 발생합니다. 풋265에서 68배라는 엄청난 시세가 나왔습니다. 보통 시세의 움직임은 비싼 가격의 옵션이 먼저 움직이고, 그다음 비싼 가격의 옵션이 움직입니다. 그 때문에 변곡점의 타이밍을 놓쳐 원했던 행사가의 옵션 매수를 못해도 다음 외가의 옵션을 매수하면 큰 차이가 나지 않는 이점이 있습니다. 옵션 거래에서 결정 장애는 치명타입니다. 시장의 방향을 제대로 읽었어도 망설이다 보면 옵션 가격이 많이 올라 있어 매수를 못하기 때문입니다.

시간	선물	풋270	풋267	풋265
09:57	271.10	0.30	0.04	0.01
13:24	265.00	4.76	2.31	0.69
3시간 27분	6.10 하락	14.87배	56.75배	68.00배

④ 콜 옵션의 시세 1

풋 옵션의 시세에 연이어 콜 옵션에서 옆줄이 나와 콜267에서 8.57배의 시세가 나왔습니다. 일봉으로 보면 5일선에서 반등이 나와 아래 꼬리를 길게 단 형태입니다. 이 자리가 10분봉에서 장볼 하단이었습니다. 두 자리가 중복될 경우 의미 있는 지지대가 됩니다.

시간	선물	콜265	콜267	콜270
13:24	265.00	1.01	0.14	0.01
15:04	268.70	3.78	1.34	0.05
40분	3.70 상승	2.74배	8.57배	4.00배

⑤ 풋 옵션의 시세 2

콜 옵션의 시세에 연이어 풋 옵션에서 옆줄이 나와 풋267에서 2.67배의 시세가 발생했습니다(2020. 01. 08 수 10분봉 참조).

만기가 임박한 15:04~15:14까지 10분 동안 선물이 0.90포인트 하락하자 풋267은 0.03~0.11까지 2.67배의 시세가 나왔습니다. 만기를 6분 남겨둔 시점이었습니다. 만기가 임박하면 투기 세력이 불나방처럼 모여듭니다. 결제를 받으려는 세력도 있지만, 순간적인 시세를 먹고 빠져나가는 세력도 있습니다. 이들은 시간가치가 거의 소멸된 1외가 옵션의 행사가를 만기가 가까운 상태에서 선물이 한 방향으로 움직이면, 호가에 쌓여 있는 수많은 계약을 잡아먹으며 가격을 올립니다. 이후 후발 주자들이 들어와 가격을 더 올리면 수익을 청산하고 순식간에 빠져나가는 것입니다. 이들은 결제와는 전혀 상관없는 전문 투기 세력들입니다.

34. 위클리 옵션 **37주** 차

5영업일 중 5일간 옵션의 시세가 발생했고, 콜290에서 125배의 큰 시세와 풋282에서 21배의 시세가 나온 위클리 옵션이었습니다.

1) 2020. 05. 29 금 위클리 옵션 37주 차

① 선물 10분봉

60분선의 저항으로 장볼 하단까지 밀린 선물은 쌍 바닥의 형태로 반등에 성공했지만, 60분선이 여전히 저항의 역할을 해 반락했습니다. 이후 저점을 높이는 흐름으로 60분선을 강하게 돌파했지만, 주말의 불확실성으로 60분선 부근에서 마감한 장세였습니다. 장 중 출렁임이 커 놓치기 쉬운 형태로 5일 연속 267.5 부근에서 마감한 것은 기회입니다. '횡보가 길면 추세가 강하다'라는 격언을 거래에 이용해야 합니다.

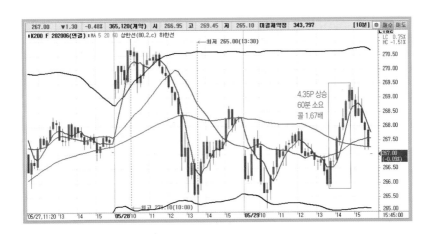

② 콜 옵션의 시세

등가의 행사가가 5일간 267.50에 갇혀 있는 상태로 옵션의 시세가 나오기 힘든 상태였지만, 267.5의 행사가에 갇혀 있는 시간이 길어질수록 옵션에서 큰 시세가 나올 가능성은 더욱 높아집니다. 현재 주말의 불확실성으로 풋 옵션이 고평가된 상태입니다. 등가 267.5를 기준으로 4외가 옵션인 콜277은 0.24, 풋257은 0.73입니다. 옵션이 고평가된 것은 추세일 수도 있지만, 불확실성에 대한 헤지로 풋 옵션 매수가 늘어났기 때문입니다. 이러한 현상은 대부분 고평가 해소과정을 거치게 됩니다. 맥주 거품인 시간가치는 횡보만 해도 감소하기 때문입니다.

시간	선물	콜275	콜277	콜280	콜282
13:40	265.10	0.44	0.21	0.09	0.04
14:40	269.45	0.99	0.50	0.24	0.10
60분	4.35 상승	1.25배	1.38배	1.67배	1.50배

2) 2020. 06. 01 월 위클리 옵션 37주 차

① 선물 10분봉

장볼 하단에서 아래 꼬리를 단 봉이 2번 나오고, 저점을 높이는 흐름은 상승추세에서 발생합니다. 그리고 60분선을 돌파하고 지지를 확인하자 장볼 상단까지 반등하고 추가 상승을 이어가는 흐름이 나왔습니다. 오늘의 흐름은 5일간 갇혀 있던 267.5를 강하게 돌파해 새로운 추세를 만들어낸 장세였습니다.

기 어렵습니다. 장이 마감하고 나서도 시간가치의 감소가 지속되기 때문입니다. 옵션은 죽어야만 살아나는 생물입니다.

시간	선물	풋282	풋280	풋277	풋275
2019. 11. 18 월	288.05	0.26	0.09	0.03	0.01
2019. 11. 21 목	278.00	5.34	2.86	0.72	0.12
3박 4일	10.05 하락	19.50배	30.78배	23.00배	11.00배

③ 풋 옵션의 시세 2(2019. 11. 21 목, 당일)

시간	선물	풋282	풋280	풋277	풋275
09:00	282.50	0.95	0.18	0.01	0.01
10:40	278.00	5.34	2.86	0.72	0.12
100분	4.50 하락	4.62배	14.88배	71.00배	11.00배

3. 위클리 옵션 12주 차

① 일봉 차트

선물은 5일 연속 상승했지만 콜의 시세는 선물의 상승만큼 크게 나오지 않습니다. 상승하는 와중에도 시간가치의 감소가 진행되기 때문입니다. 오히려 만기 전날 저점을 잡아 오버한 것이 수익률이 더 높습니다.

② 콜 옵션의 시세

선물의 흐름은 장볼 상단을 돌파하는 강한 흐름이 나왔지만, 콜 옵션의 시세는 생각처럼 크지 않았습니다. 풋 옵션의 하락폭이 너무 컸기 때문입니다(풋콜패리티 참조).

시간	선물	콜280	콜282	콜285	콜287
09:00	268.35	0.13	0.05	0.02	0.01
12:10	273.35	0.42	0.17	0.07	0.04
3시간 10분	5.00 상승	2.23배	2.40배	2.50배	3.00배

3) 2020. 06. 02 화 위클리 옵션 37주 차

① 선물 일봉

진폭 4.10포인트의 양봉입니다. 이평은 정배열되어 확산 중인 상태입니다. 일봉상 3개의 큰 하락 갭이 있는데, 1번 자리인 274.20의 큰 갭을 메운 상태입니다. 큰 하락 갭은 장대 봉으로 메우거나, 큰 갭으로 메울 확률이 높기 때문에 거래에 유용하게 쓰입니다.

② 선물 10분봉

장의 모습은 갭 상승을 제외하면 전일의 흐름과 거의 판박이였습니다. 장 중 20분선까지 눌림을 받고, 추가 상승을 반복하는 장세였습니다. 차트를 뒤집어 보면 내려오는 20일선의 저항으로 저점을 지속적으로 낮추어가는 하락추세의 모습입니다.

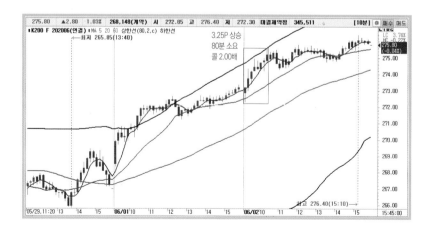

③ 콜 옵션의 가격

선물의 고점을 높이는 흐름과 달리 외가 콜 옵션의 시세는 호응을 하지 못했는데, 이것 역시 전일의 흐름과 유사한 모습이었습니다. 하지만 이것이 하락을 의미하는 것은 아닙니다. 선물이 상승할수록 경계심이 높아져 외가의 콜 옵션을 집중적으로 매도하기 때문입니다.

시간	선물	콜280	콜282	콜285	콜287
09:00	272.30	0.20	0.08	0.03	0.01
10:20	275.55	0.60	0.22	0.07	0.03
80분	3.25 상승	2.00배	1.75배	1.33배	2.00배

4) 2020. 06. 03 수 위클리 옵션 37주 차

① 선물 일봉

2.90포인트의 갭 상승을 동반한 진폭 9.35포인트의 양봉으로 적삼병의 형태입니다. 두 번째 갭 자리인 281.25를 장대 양봉으로 메

운 모습입니다. 이제 남은 갭 자리는 291.90으로 하나만 남겨 놓은 상태입니다. 현재 5일선과의 이격이 과해 이격조정이 필요한 시점입니다.

② 선물 10분봉

2.90포인트의 상승 갭으로 장볼 상단을 돌파한 선물은 5분선을 타고 급등하는 흐름이 나왔습니다. 이후 횡보를 하며 자연스럽게 장볼 상단 안으로 복귀한 선물은 20분선을 전혀 건드리지 않고, 상승흐름을 이어 나가 새로운 고점을 경신하고 반락해 마감한 장세였습니다.

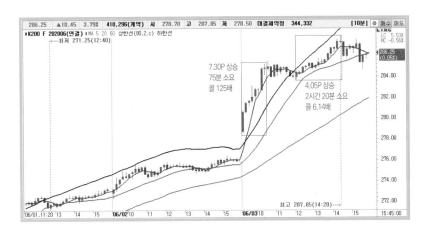

③ 콜 옵션의 시세 1

그동안 저평가 상태를 유지하던 콜 옵션에서 오버슈팅이 발생했습니다. 장볼 상단을 돌파한 상태에서 선물이 7.30포인트나 추가 상승하자 10:15에 기관의 콜 옵션 매도 물량이 순간적으로 청산되면서 콜에서 오버슈팅이 나왔던 것입니다. 손절성 청산물량이 나오고 나면 선물이 추가로 상승해도 콜 옵션은 하락하는 패턴을 보이게 됩니다. 실제로 선물은 10:24까지 고점을 높여갔지만 콜 옵션은 고점을 높이지 못하고 오히려 하락하는 양상을 보였습니다. 이러한 흐름은 자주 발생하지 않지만 패턴이 일정합니다. 상승을 하지만 콜 옵션이 저평가 상태를 유지해 추가 상승에 대한 의구심을 갖도록 합니다. 그리고 날 잡아 폭등이 나오면 빵하고 터지는 것입니다. 이날은 적금을 타는 날입니다. 옵션 매수는 만기가 정해지지 않은 적금입니다. 언제가 만기인지 알 수 없지만, 반드시 적금을 타는 날이 옵니다. 하지만 적금을 꾸준히 붓지 않으면 결코 탈 수 없습니다. 항상 적금을 붓지 않은 날에 적금 타는 날이 오기 때문입니다. 대부분 자신은 영리하기 때문에 그 시점을 알 수 있다고 오만을 부리는 데 시장은 항상 우리보다 조금 더 영리합니다.

시간	선물	콜282	콜285	콜287	콜290
09:00	278.50	0.33	0.11	0.04	0.01
10:15	285.20	4.21	2.77	1.86	1.26
75분	7.30 상승	11.76배	24.18배	45.50배	125.00배

④ 콜 옵션의 시세 2

선물이 고점놀이를 하면서 눌림이 약하면 추가 상승의 확률이 높은 것처럼 옵션도 추가 시세를 주는 경우가 많습니다. 외가의 옵션은 시간가치가 빨리 죽기도 하지만, 살아날 때는 수익률이 더 좋습니다.

시간	선물	콜285	콜287	콜290	콜295
12:00	283.70	1.27	0.58	0.42	0.07
14:20	287.75	3.61	2.15	1.25	0.50
2시간 20분	4.05 상승	1.84배	2.70배	1.98배	6.14배

5) 2020. 06. 04 목 위클리 옵션 37주 차 만기일

① 선물 일봉(2020. 01. 14 화 참조)

3.75포인트의 갭 상승을 동반한 진폭 7.50포인트의 위 꼬리 달린 음봉으로, 5일선과의 이격조정을 위한 쉬어가는 장세로 보입니다. 적삼병이 나온 후 자주 발생하는 형태입니다. 기술적으로 표현하면 적삼병이 발생한 다음 날에 장 초반 양봉의 모습을 보이고, 급하게 밀리는 형태입니다. 마지막 남아 있던 갭 자리인 291.90포인트를 메우고, 이제는 내려오는 장볼 상단을 바라보고 있는 형태입니다.

② 선물 10분봉

갭 상으로 출발한 선물 시장은 장볼 상단을 강하게 돌파했으나 강한 저항에 부딪치고 이내 밀리는 흐름을 보였습니다. 이후 반등을 시도했지만 실패하고 반락해 올라오는 60분선에서야 진정되었습니다. 이후 60분선을 중심으로 횡보성 등락을 거듭해 이평의 수렴이 거의 완성된 상태로 마감한 장세였습니다. 장볼 상단이 지속적으로 올라가는 상태에서 장볼 상단을 강하게 돌파하면 장볼 안으로 들어오려는 힘도 강해져 저항의 역할을 하게 됩니다. 이러한 형태의 패턴은 다우가 급등해 마감하면 우리 장은 갭 상승해 출발하고 추가 상승을 하지만, 바로 밀리면서 장대음봉으로 마감합니다.

③ 콜 옵션의 시세

다시 강조하지만 콜 옵션의 시세는 저평가 상태를 유지하다 빵하고 터지는 속성이 있습니다. 마지막 불꽃쇼가 화려한 것처럼 3분만에 선물이 3.20포인트의 급등을 하자 콜 옵션의 막내인 콜305는

0.01~0.27까지 26배의 큰 시세를 주고 사그라졌는데 이것이 위 꼬리의 파괴력입니다. 선물이 292.85를 찍을 때 콜305는 5외가 옵션으로 결제의 가능성은 거의 없었던 상태였지만, 0.27이라는 터무니없이 높은 가격이 나온 것은 상승의 각도가 가팔라 순간적으로 콜옵션의 변동성이 살아났기 때문입니다. 다음의 콜 옵션들은 모두당일 신규 상장된 행사가로 메이저들이 비싼 가격에 콜을 매도하기 위한 이벤트라고 의심받는 대목이기도 합니다.

시간	선물	콜297	콜300	콜302	콜305
09:00	289.65	0.18	0.10	0.02	0.01
09:03	292.85	0.85	0.57	0.39	0.27
3분	3.20 상승	4.00배	4.70배	18.50배	26.00배

④ 풋 옵션의 시세

대부분 선물이 고점과 저점을 찍을 때의 시간과 옵션의 고점과 저점을 찍는 시간은 거의 동일합니다. 하지만 장 초반 급등이 나오고 나서 바로 밀렸어도 풋 옵션은 저점을 더 낮추고 나서 시세가 나오기 시작했습니다. 그 이유는 변동성과 관련이 있습니다. 장 초반 급등이 나올 때 변동성이 커지자 콜 옵션뿐만 아니라 풋 옵션도 고평가되었습니다. 그러다가 하락을 하면서 변동성이 죽자 풋 옵션의 변동성도 축소되면서 풋 옵션의 시간가치 감소로 저점을 낮추게 되었던 것입니다. 풋290은 선물과 동일한 시간에 저점을 찍었지만, 풋287은 11:00, 풋285는 10:52, 풋282는 10:54로 각자 다른 시간에 저점을 찍었습니다. 하지만 풋 옵션들의 고점은 모두 11:55로 동일했습니다. 이후 선물은 지루한 횡보를 하면서 마감했는데, 이는 옵션의 프리가 높은 상태를 유지하자 메이저들이 옵션 매도로 전략을 바꾼 것입니다.

전일에 이어 오늘도 만기가 정해지지 않은 적금을 타는 날이었습니다. 옵션의 시세는 터질 때는 연속으로 주다가 소강상태가 되면 한동안 자잘한 시세만 나옵니다.

시간	선물	풋290	풋287	풋285	풋282
10:34	291.00	0.90	0.23	0.06	0.01
11:55	285.40	4.64	2.40	0.85	0.22
2시간 21분	5.60 하락	4.15배	9.43배	13.17배	21.00배

35. 위클리 옵션 38주 차

5영업일 중 4일간 옵션의 시세가 발생했고, 만기일 풋285에서 35.5배에 이어 콜287에서 4.33배의 옆줄이 발생한 위클리 옵션이었습니다.

1) 2020. 06. 05 금 위클리 옵션 38주 차

① 선물 10분봉

전일 장볼의 폭이 확장된 상태에서 오후 장 선물이 횡보를 지속하면서 장볼의 폭이 수축했고, 다시 선물이 꾸준히 상승하자 장볼의 폭이 확장되는 장세였습니다. 이처럼 장볼의 폭은 확장과 수축을 반복합니다.

② 콜 옵션의 시세

선물의 진폭이 커도 옵션이 고평가 상태라면 큰 시세가 나오기 어렵습니다. 종가의 등합이 8.42인데 선물이 한 방향으로 움직이더라도 남은 4일간 하루 2.105씩 프리가 줄어야 하기 때문입니다. 이럴 경우 한 방향으로 크게 움직인 후 다시 제자리에 올 때 프리가 가장 크게 감소합니다. 종가의 코스피200은 290.62로 등가에서 4외가인 콜300은 1.40, 풋280은 0.91로 콜 옵션이 풋 옵션에 비해 고평가 상태입니다. 고평가 상태라는 것은 추세가 상승이라는 의미를 포함하고 있습니다. 하지만 상승을 하더라도 만기가 다가오면 고평가 현상을 해소해야 합니다. 그래서 상승의 와중에도 눌림이나 가격조정이 나와 고평가 현상을 해소하는 구간이 발생하는 것입니다.

시간	선물	콜307	콜310	콜312	콜315
09:40	284.75	0.13	0.08	0.06	0.04
15:45	291.55	0.50	0.34	0.23	0.18
6시간 5분	6.80 상승	2.84배	3.25배	2.83배	3.50배

2) 2020. 06. 08 월 위클리 옵션 38주 차

① 선물 일봉

4.95포인트의 갭 상승을 동반한 진폭 7.05포인트의 음봉입니다. 5일선과의 이격을 해소하기 위한 조정성격의 음봉으로 보입니다.

② 선물 10분봉

장볼의 상단이 올라가고 있는 상태에서 갭 상승으로 장볼 상단을 크게 벗어난 상태로 출발하면 장볼 상단 안으로 들어오려는 힘이 상당히 강해집니다.

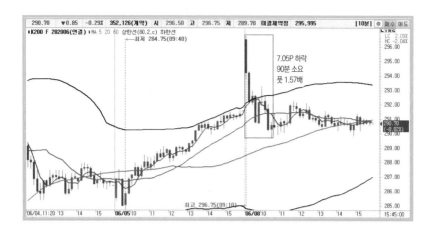

3) 2020. 06. 09 화 위클리 옵션 38주 차

① 선물 10분봉

2.25포인트의 갭 상승으로 출발해 장볼 상단을 강하게 돌파했지만, 장볼 상단의 저항으로 밀린 후 전일과 유사한 흐름을 이어 나간 장세였습니다. 이후 장볼 하단을 잠시 이탈했으나 반등해 60분 선 부근에서 마감한 장세였습니다.

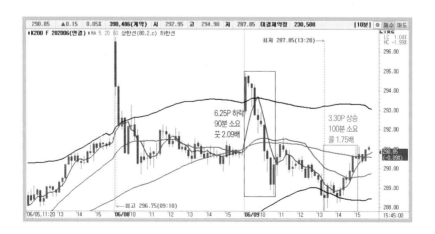

② 풋 옵션의 시세

프리를 죽이는 가장 효율적인 방법은 장을 출렁거리게 한 다음 제자리에 가져다 놓는 것입니다. 갭 상승을 하면서 풋 옵션의 프리를 죽이고 6.25포인트의 선물하락이 발생하자 풋 옵션에서 2.09배의 시세가 나왔지만 그저 그런 시세였을 뿐입니다. 통상 외가의 옵션이 수익률이 더 높지만 풋 옵션에서 외가의 수익률이 더 낮게 형성되는 것은 메이저들이 큰 하락을 용인하지 않는다는 의미입니다.

시간	선물	풋277	풋275	풋272	풋270
09:10	294.90	0.17	0.11	0.08	0.06
10:40	288.65	0.52	0.34	0.23	0.16
90분	6.25 하락	2.06배	2.09배	1.87배	1.67배

③ 콜 옵션의 시세

선물 10분봉에서 7일 만에 장볼 하단을 터치한 것은 상당히 오랜 기간 상승추세를 이어온 것입니다. 상승에 대해 길들여진 상태에서는 이를 저가매수의 기회로 삼으려는 세력이 등장합니다. 그래서 처음에는 매수로 대응해도 성공 확률이 높습니다. 하지만 재차 장볼 하단을 터치하면 지지의 역할은 약해집니다.

시간	선물	콜300	콜305	콜310	콜315
13:20	287.85	0.29	0.16	0.08	0.04
15:00	291.15	0.64	0.39	0.22	0.12
100분	3.30 상승	1.21배	1.44배	1.75배	2.00배

4) 2020. 06. 11 목 위클리 옵션 38주 차 만기일

① 선물 일봉

2.40포인트의 갭 하락을 동반한 진폭 8.05포인트의 음봉입니다.

② 선물 10분봉

　2.40포인트의 갭 하락으로 장볼 하단 부근에서 출발한 선물은 바로 반등해 60분선을 회복하기도 했으나, 이평의 수렴이 완성되자 탄력을 잃고 반락해 장볼 하단을 타고 내려가는 약세장의 모습을 보였습니다. 이후 284.00까지 밀리고 나서 기술적 반등이 나온 상태로 마감한 쿼드러플 만기였습니다. 장볼 하단을 이탈하면 하락의 목표치를 직관적으로 판단하는 것이 좋습니다. 10분봉에서 장볼 상·하단의 폭은 대략 4포인트이고, 장볼 하단의 위치는 289 징도였습니다. 이 폭인 4포인트를 추가 하락으로 정하면 대략 285 정도가 목표치가 됩니다. 이 경우 이평의 수렴이 완성되어 신뢰도가 높았던 것입니다.

③ 콜 옵션의 시세 1

옵션에서 시세가 나오려면 프리를 죽이는 작업이 선행되어야 합니다. 2.40포인트의 갭 하락으로 콜295는 전일 1.05이었던 프리가 0.28로 시작해 0.15까지 죽은 후에야 0.45까지 반등해 2배의 시세가 나왔습니다. 다시 강조하지만 옵션은 죽어야 살아나는 생물입니다. 옵션을 매수해 오버하는 것은 성공할 확률이 극히 낮다는 것을 인식해야 합니다.

시간	선물	콜292	콜295	콜297
09:00	288.95	0.51	0.15	0.04
10:20	292.00	1.21	0.45	0.13
80분	3.05 상승	1.37배	2.00배	2.25배

④ 풋 옵션의 시세

이평의 수렴이 완성되어 선물에서 하락이 시작되자 풋 옵션에서도 큰 시세가 발생했습니다. 일반적으로 선물이 장볼 상·하단의 안에서 움직일 경우 옵션에서 큰 시세가 잘 나오지 않지만, 장볼 하단을 강하게 이탈하는 흐름이 나올 때는 변동성이 살아나면서 큰 시세가 나옵니다. 하지만 대략적으로 계산한 목표치에 이르면 옵션 매수를 청산하는 것이 좋습니다. 풋 옵션에서 시세가 분출하고 나서 선물지수가 아래 꼬리를 달 경우 풋 옵션이 반 토막 나는 것은 순식간이기 때문입니다. 풋 옵션의 시세는 나비처럼 왔다가 벌처럼 사라지는 경우가 허다합니다.

시간	선물	풋290	풋287	풋285	풋282
10:50	292.05	0.59	0.16	0.04	0.02
15:05	284.00	6.02	3.55	1.46	0.38
4시간 15분	8.05 하락	9.20배	21.19배	35.50배	18.00배

⑤ 콜 옵션의 시세 2

풋 옵션의 시세에 연이어 콜 옵션에서 옆줄이 발생해 콜287에서 4.33배의 시세가 발생했습니다. 옆줄이 발생할 경우 줄을 제대로 타면 상당한 수익이 발생합니다. 풋285에 100만 원을 베팅했다면 35.50배의 수익이 되어 3,650만 원이 되고, 이를 콜287에 베팅했다면 4.33배의 수익이 발생해 총 193.5배의 수익률이 발생하게 됩니다.

시간	선물	콜282	콜285	콜287
15:05	284.00	1.70	0.34	0.03
15:19	285.85	3.38	1.10	0.38
14분	1.85 상승	99.00%	2.24배	4.33배

위클리 옵션, 경마, 로또, 카지노

위클리 옵션은 투기고 경마와 로또, 카지노는 도박입니다. 공통점은 모두 중독성을 지니고 있는데 이 중 가장 강한 중독성을 가진 것은 무엇일까요? 단연 위클리 옵션입니다. 위클리 옵션을 알고 나면 경마와 카지노가 시들해져 더 이상 하지 않는다고 합니다. 다른 점은 도박의 시스템은 모두 플레이어들에게 불리하게 설계되었지만, 위클리 옵션의 손익은 철저하게 계약 당사자끼리의 내용대로 결정되기 때문에 공평합니다. 경마나 로또에서 내가 베팅한 말이나 번호가 맞으면 배당금이나 복권금액을 받지만, 수령액은 전체 매출액에서 각종 금액을 제외한 나머지 금액으로 계산해 돌려줍니다. 한마디로 주최 측이 손실을 보는 경우는 없습니다.

하지만 옵션의 손익은 계약의 형태이기 때문에 증권사가 취하는 것은 소액의 수수료가 전부입니다. 또한 도박은 베팅을 하고 나면 결과가 나오기 전까지 베팅을 추가하거나 취소할 수 없는 강제성을 지닌, All or nothing의 구조이지만, 위클리 옵션은 자신에게 유리하면 베팅을 추가하거나 불리하면 어느 정도의 손해를 보고 계약을 파기할 수 있는 장점이 있습니다. 금융거래의 속성인 무한대의 이익이나 손실을 보는 구조입니다. 여기서 매수만 한다면 매수금액이 손실의 전부이지만, 수익이 날 경우 그 수익은 계약 내용에 따라 급격히 늘어나는 선형구조가 됩니다. 경마의 경우 수백 배의 배당이 나오려면 그 확률은 상당히 희박하고, 또 큰 금액을 베팅하면 배당률이 확 떨어져 의미가 반감됩니다. 카지노의 바카라는 50%의 승률로 그나마 공평해 보이지만, 뱅커에 베팅해 맞추면 5%의 과도한 수수료를 지불해서 오랜 시간 게임을 하면 수수료 때문에 이길 수가 없으며, 수익은 베팅한 금액이 최대의 수익일 뿐입니다. 하지만 위클리 옵션은 베팅한 금액이 배당률에 전혀 영향을 미치지 않습니다. 선물이 상승할 것에 베팅했을 때 선물이 상승했다면 그 수익은 선물의 상승이 단위 시간 내에 얼마나 빨리 상승하느냐에 따라 수익률이 달라집니다. 카지노나 경마에 중독된 이들이 위클리 옵션을 알게 되면 바로 도박을 끊을 수 있는 요인이 이러한 위클리 옵션의 수익구조 때문이기도 합니다.

Chapter **02** 장기 시세

선물의 추세가 나올 것을 예상해 옵션 매수를 하는 것으로 1박 2일 이상 보유했을 때 옵션의 시세를 의미합니다. 옵션의 시세는 연속적으로 시세가 나오기 어렵습니다. 상승추세에서 연속적으로 양봉이 나오더라도 갭 하락을 동반한 양봉이거나 하락추세에서 연속적인 음봉이 발생하더라도 갭 상승을 동반한 음봉이라면 생각처럼 큰 시세는 나오지 않습니다. 오히려 당일 저점을 노리는 거래가 효율적인 경우가 많습니다.

1. 위클리 옵션 **7주** 차

① 일봉 차트

적삼병이 발생하고 다음 날 추가 상승할 때 추격 매수는 위험합니다. 음봉이 나올 확률이 높기 때문입니다. 장볼 상단을 터치하고 밀린, 위 꼬리 긴 봉은 고점대에서의 저항을 의미합니다.

② 콜 옵션의 시세

위클리 옵션을 매수할 때 고려할 사항은 외가이면서 감마효과를 볼 수 있는 행사가가 좋습니다. 다음의 표에서 선물이 고점을 찍었을 때는 만기를 하루 앞둔 시점이었습니다. 이때 감마값이 가장 큰 등가가 되는 것이 수익률이 가장 좋은 것을 알 수 있습니다. 따라서 4외가 정도의 옵션이면서 가격이 0.10 미만의 행사가를 선정하는 것이 효율적입니다.

시간	선물	콜280	콜282	콜285	콜287
2019. 11. 01 금	275.90	0.41	0.13	0.03	0.01
2019. 11. 06 수	286.80	6.25	3.86	1.92	0.64
3박 4일	10.90 상승	14.24배	28.70배	63.00배	63.00배

2. 위클리 옵션 **9주 차**

① 일봉 차트

일봉차트에서 헤드엔숄더는 상당히 중요한 패턴입니다. 직관적으로 5일선이 고점을 높이고 꺾일 때 헤드엔숄더를 의심하는 것이 좋습니다. 완성되고 나서는 먹을 것이 없지만, 미리 예측한 것이 맞으면 큰 수익으로 이어지기 때문입니다.

② 풋 옵션의 시세 1(3박 4일 보유)

4일간 선물이 10.05포인트 하락해 풋 옵션에서 30.78배의 시세가 나온 것은 큰 시세이지만, 만기 당일 풋277을 저점 0.01에 매수했다면 고점 0.72로 저점 대비 71배의 큰 시세가 발생했습니다(풋 옵션 시세 2 참조). 3박 4일간 옵션을 매수해 예상대로 선물이 큰 폭으로 하락했지만, 당일 저점 매수한 것보다도 작은 수익이 나온 것입니다. 이처럼 만기가 임박해 외가 옵션을 매수 오버해도 수익이 나

② 콜 옵션의 시세 1(4박5일 보유)

장기간 보유했을 경우 옵션이 내가로 전환되면 선물과 비슷한 흐름을 보여 시간가치의 감소로 인한 손실이 외가보다 작습니다. 다음에서 콜 옵션의 시세를 비교해보시기 바랍니다.

시간	선물	콜280	콜282	콜285	콜287
2019. 12. 06 금	274.70	0.59	0.24	0.08	0.03
2019. 12. 12 목	285.45	5.47	2.99	0.87	0.10
4박 5일	10.75 상승	8.27배	11.46배	9.88배	2.33배

③ 콜 옵션의 시세 2(1박 2일 보유)

콜280의 시세를 제외하고 모두 콜 옵션의 시세 1보다 수익률이 좋은 것을 알 수 있습니다.

시간	선물	콜280	콜282	콜285	콜287
2019. 12. 10 수	278.60	0.78	0.19	0.03	0.01
2019. 12. 12 목	285.45	5.47	2.99	0.87	0.10
4박 5일	6.85 상승	6.01배	14.74배	28.00배	9.00배

4. 위클리 옵션 **13주** 차

① 일봉 차트

선물은 상승 흐름으로 장볼 상단을 터치하는 흐름이 나왔습니다.

② 콜 옵션의 시세 1(3박 4일 보유)

옵션을 매수해 장기적으로 보유할 경우 시간가치의 감소를 고려해야 합니다. 특히 시세가 나오더라도 여전히 외가의 경우에는 시간가치의 감소가 두드러지기 때문에 극 외가 옵션을 매수해 오버하는 것은 바람직하지 않습니다. 포지션이 없어도 당일 저점에서 매수할 기회를 주기 때문입니다.

시간	선물	콜290	콜292	콜295	콜297
2019. 12. 13 금	285.85	1.52	0.76	0.33	0.12
2019. 12. 18 수	293.20	5.65	3.41	1.57	0.47
3박 4일	7.35 상승	2.72배	3.49배	4.76배	2.91배

③ 콜 옵션의 시세 2(1박 2일 보유)

옵션에서 시세가 나오는 가격대는 0.10 미만입니다.

시간	선물	콜290	콜292	콜295	콜297
2019. 12. 17 화	288.05	1.74	0.64	0.18	0.04
2019. 12. 18 수	293.20	5.65	3.41	1.57	0.47
1박 2일	5.15 상승	2.24배	4.33배	7.72배	10.75배

5. 위클리 옵션 16주 차

① 일봉 차트

갭 상승하고 추가 상승해 장볼 상단을 터치하고 마감한 형태입니다.

② 콜 옵션의 시세

옵션에서 시세가 나려면 변동성이 살아나거나 감마효과를 볼 수 있는 행사가의 옵션을 매수해야 합니다. 감마의 값은 등가에서 가장 크고, 등가를 기준으로 대칭인 종 모양입니다. 또한 만기가 임박할수록 기울기가 가파른 종 모양이 됩니다. 이러한 특징을 고려하면 만기 즈음에는 옵션을 매수할 때 선물의 진폭을 고려해 근 외가의 행사를 선정하는 것이 좋습니다. 방향을 맞추었을 때 매수한 옵션이 등가 부근일 때 수익이 가장 높기 때문입니다. 다음의 시세에서 등가로 전환된 콜295의 수익률이 가장 높은 이유가 감마효과 때문입니다.

시간	선물	콜290	콜292	콜295	콜297
2020. 01. 08 수	288.05	0.63	0.14	0.03	0.01
2020. 01. 09 목	295.40	3.73	1.65	0.45	0.10
1박 2일	7.35 상승	4.92배	10.79배	14.00배	9.00배

① 일봉 차트

장볼 상단을 돌파한 상태에서 갭 상승 후 추가 상승은 저항의 역할을 하는 경우가 많아 주의해야 합니다. 즉, 장 초반 양봉의 모습이라도 위 꼬리를 단 봉으로 바뀌는 경우가 많습니다. 그런데 콜 옵션의 시세는 갭 상승하고 갭 런을 할 때 나옵니다. 따라서 콜 옵션의 시세는 순간적으로 나왔다가 사그라지는, 나비처럼 왔다가 벌처럼 사라지는 경우가 많기 때문에 위 꼬리를 다는 모습이 보이면 청산을 하는 것이 좋습니다.

② 콜 옵션의 시세

진입시점에 콜307은 5외가였으나 3일 만에 1외가로 바뀌면서 내가로 전환된 행사가의 콜 옵션보다 수익률이 더 좋은 것을 알 수 있습니다.

시간	선물	콜300	콜302	콜305	콜307
2020. 01. 10 금	294.80	0.34	0.13	0.04	0.01
2020. 01. 14 화	303.95	3.71	1.94	0.80	0.25
2박 3일	9.15 상승	9.91배	13.92배	19.00배	24.00배

7. 위클리 옵션 **20**주 차

① 일봉 차트

4일 동안 선물이 20.90포인트나 급등한 케이스입니다. 현재 5일
선과 이격이 과해 조정이 나올 타이밍입니다. 그리고 5일선이 우상
향 중인데, 이 5일선이 꺾이는 시점이 헤드엔숄더의 오른쪽 어깨가
될 확률이 높습니다.

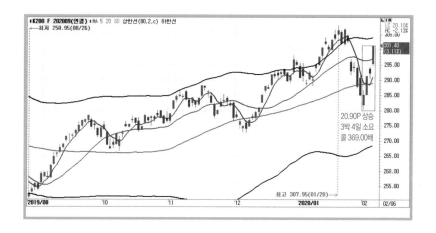

② 콜 옵션의 시세

옵션의 대시세는 0.10 미만에서 나온다는 것을 보여주는 케이스입니다. 다만 콜300은 전일 종가가 0.01로 1박 2일 보유했을 경우에 가장 큰 시세였습니다. 그리고 전일 음봉이 나왔을 때 콜297도 저점이 0.02로 충분히 저점에 잡을 기회가 있었습니다. 이런 사실로 미루어 보면 외가 옵션에서 연속적인 시세가 나오기는 상당히 어렵습니다. 나오더라도 저점을 확인하며 시세가 나오기 때문에 외가에서 시세가 나오면 일단은 청산하고, 다시 저점 매수를 노리는 것이 좋은 전략이 됩니다.

시간	선물	콜292	콜295	콜297	콜300
2020. 02. 03 월	280.50	0.07	0.03	0.01	0.01
2020. 02. 06 목	301.40	6.20	3.70	3.70	1.42
3박 4일	20.90 상승	87.57배	122.33배	369.00배	141.00배

8. 위클리 옵션 **23**주 차

① 일봉 차트

직관적으로 5일선에서 헤드엔숄더의 모양임을 알 수 있습니다. 큰 폭의 갭 하락 이후 하락추세가 진행 중이고, 바로 밑에 올라오는 장볼이 보입니다. 이런 경우 대부분 장볼 하단이 강력한 지지의 역할을 할 것이라 생각하지만, 상승추세로 돌아설 때는 장볼 하단을 터치하지 않고 변곡을 만듭니다. 장볼 하단에서 매수하려는 세력들이 많기 때문입니다. 그런데 상승하지 못하고 장볼 하단을 터치하면 지지의 의미가 사라집니다. 주포들이 대기매수 세력보다 더욱 강하게 밀어 붙여 장볼 하단을 이탈하게 만들기 때문입니다. 특히 장볼 상단이 아래로 꺾이고 장볼 하단이 올라오는 중이면 더욱 조심해야 합니다.

② 풋 옵션의 시세

위클리 옵션의 신규 상장은 종가의 등가를 기준으로 위아래 20포인트까지 새로 상장됩니다. 예를 들어 전일 종가의 등가가 300이면 오늘은 행사가 320~280까지 생기고, 5포인트 하락해 등가가 295가 되면 다음 날 밑으로 20포인트인 275까지 상장되어 총행사가는 320~275까지 만들어지게 됩니다. 그런데 선물이 너무 급하게 하락해 버리면 풋 막내가 근 외가나 등가가 되는 경우가 있어 풋 옵션에서 큰 시세가 안 나오는 원인이 되기도 합니다. 옵션에서 큰 시세가 나오려면 0.10 미만대의 옵션이 많아야 하는데, 다음의 표에서 보면 진입시점에서 막내인 풋277의 저점은 0.19로 큰 시세가 나올 조건에 맞지 않습니다. 만일 기존에 행사가가 많아서 0.01짜리가 있었다면 100배의 시세 정도는 나왔을 상황이었습니다.

시간	선물	풋285	풋282	풋280	풋277
2020. 02. 21 금	295.25	0.69	0.46	0.30	0.19
2020. 02. 25 화	279.70	6.00	4.87	3.25	2.23
2박 3일	15.55 하락	7.70배	9.59배	9.83배	10.74배

9. 위클리 옵션 25주 차

① 일봉 차트

장볼 하단에서 기술적 반등이 마무리되자 갭 하락해 장볼 하단을 강하게 이탈하는 흐름이 나왔습니다. 더구나 베이시스가 심한 백워데이션을 유지해 하락추세가 강화되리라는 것을 암시하고 있습니다.

② 풋 옵션의 시세 1(2일간 보유했을 때의 시세)

이틀간 선물이 21.55포인트나 급락해 풋245에서 38.20배의 시세가 발생했습니다. 대부분 수익률이 비슷하지만 선물이 저점을 찍었을 때 등가 부근인 풋245의 수익률이 가장 좋다는 것을 알 수 있습니다. 즉, 만기 날은 매수한 행사가의 옵션이 외가에서 등가로 근접할 때 가장 수익률이 좋다는 것을 의미합니다.

시간	선물	풋250	풋245	풋240	풋235
2020. 03. 11 수	264.90	0.26	0.10	0.05	0.03
2020. 03. 12 목	243.35	8.73	3.92	1.92	0.87
1박 2일	21.55 하락	32.58배	38.20배	37.40배	28.00배

③ 풋 옵션의 시세 2(만기 당일의 시세)

풋 옵션의 시세 1과 비교하면 선물이 급락을 했어도 여전히 외가라면 오래 보유할수록 시간가치의 감소가 심해져 오히려 수익률이 떨어집니다. 풋235의 당일 저점은 0.01로 장 중 86배의 시세를 주었지만, 전일의 저가인 0.03에 매수해 오버했다면 수익률이 28배로 오히려 작습니다. 이것의 의미는 추세가 하락이라도 옵션의 시간가치를 죽이는 작업이 선행(갭 상승 출발하거나 보합으로 출발해 풋

시간	선물	풋250	풋245	풋240	풋235
09:20	255.30	0.45	0.11	0.04	0.01
10:40	243.35	8.73	3.92	1.92	0.87
80분	11.95 하락	18.4배	34.64배	47.00배	86.00배

옵션의 프리를 죽이는 것을 의미)되고 나서야 다시 시세를 준다는 것입니다. 그래서 옵션은 대부분 당일 저점에 매수하는 것이 유리합니다. 옵션은 죽어야 살아납니다.

10. 위클리 옵션 **27주 차**

① 일봉 차트

급락은 급등을 부른다고 3일 만에 35.40포인트의 급등으로 장볼하단을 회복한 상태로 마감했습니다. 직관적으로 내려오는 20일선이 보입니다. 단기목표로 20일선까지 정하는 게 좋습니다. 차트는 눈에 보이는 지지나 저항을 확인하려는 습성이 있기 때문입니다.

② 콜 옵션의 시세

처음 진입시점에 콜235는 막내로 최고 높은 수익률인 41.38배의 수익률이 발생했는데, 만일 외가의 행사가들이 더 있었다면 100배

정도의 수익률이 발생했을 것입니다.

시간	선물	콜227	콜230	콜232	콜235
2020. 03. 23 월	197.20	0.27	0.18	0.13	0.08
2020. 03. 25 수	232.60	7.90	6.16	4.54	3.39
2박 3일	35.40 상승	28.26배	33.22배	33.92배	41.38배

11. 위클리 옵션 36주 차

① 일봉 차트

일봉이 정배열 된 상태에서 고점을 높이면서 5일선을 타고 상승하는 흐름입니다.

② 콜 옵션의 시세 1(3박 4일 보유)

상승추세라 하더라도 적삼병이 발생하고 다음 날 상승출발하면 분할로 청산하는 것이 좋은 방법이 됩니다. 대부분 장 초반은 양봉의 모습이지만, 음봉으로 전환되는 경우가 더 많기 때문입니다. 그리고 다음의 표에서 콜270의 수익률이 가장 좋은 이유는 상승을 하면서 등가로 바뀌면서 감마효과를 톡톡히 보았기 때문입니다. 감마의 값은 등가에서 가장 높은 종 모양으로 외가나 내가로 갈수록 값이 낮아집니다.

시간	선물	콜265	콜267	콜270	콜272
2020. 05. 25 월	258.55	0.39	0.14	0.05	0.02
2020. 05. 28 목	271.10	6.10	3.72	1.53	0.36
3박 4일	12.55 상승	14.64배	25.57배	29.60배	17.00배

③ 콜 옵션의 시세 2

옵션에서 연속되어 시세가 나오더라도 눌림 목이 나오게 되면 옵션의 가격하락이 가팔라집니다. 방향에 의한 가격손실과 시간가치 감소가 동시에 발생하기 때문입니다. 일봉차트에서 적삼병이 완성되던 날은 갭 하락 출발해 상승으로 전환한 양봉이었습니다. 따라서 장 초반에 콜 옵션의 가격은 전일 대비 하락한 상태였을 것입니다. 이때 가격의 하락폭이 얼마나 되는지를 표로 만들면 다음과 같습니다. 고작 선물 1.20포인트의 하락에 콜272는 81.25%의 폭락을 보인 것입니다. 이것으로 알 수 있는 것은 외가 옵션을 매수해 오버할 때 방향이 틀리면 상당한 손실을 보게 됩니다. 물론 버티면 다음 날 수익이 나겠지만, 그동안 마음고생은 상당할 것입니다. 표에서 종시거래는 종가에 진입해 시가에 청산하는 방법을 의미합니다.

시간	선물	콜265	콜267	콜270	콜272
2020. 05. 26 종가	266.65	2.81	1.33	0.48	0.16
2020. 05. 27 시가	265.45	1.86	0.70	0.17	0.03
종시거래	1.20 하락	33.80% 하락	47.37% 하락	64.58% 하락	81.25% 하락

12. 위클리 옵션 **37주 차**

전주와 비슷한 흐름이지만 상승폭이 커진 것이 다른 점입니다. 그리고 장 중 눌림이 없는 상태로 상승을 이어 나가고 적삼병이 발생하자 다음 날 위 꼬리 달린 음봉이 발생했습니다.

① 콜 옵션의 시세

선물의 눌림이 없는 상태로 연속으로 상승하면 큰 시세가 발생합니다. 그래서 **콜285에서 747배**라는 **역대급 시세가 발생**한 것입니다. 항상 콜에서 마지막 시세는 위 꼬리가 달릴 때 발생합니다. 통상 선물의 움직임에 동조해 옵션이 움직이지만, 이때는 먼저 옵션이 오버슈팅해 고점을 찍고 그다음에 선물이 고점을 경신하는 흐름이 발생합니다. 기관에서 손절물량이 나오는 시점이기 때문입니다. 이러한 흐름이 발생하면 콜에서 더 이상 큰 시세가 나오기 어렵습니다. 비록 선물이 상승추세를 이어 나가도 외가의 콜 옵션은 쌍봉의 모습을 보이고 사그라지는 경우가 더 많습니다. 다만 내가 옵션의 경우는 내재가치를 지녔기 때문에 선물과 같은 흐름을 보입니다.

시간	선물	콜277	콜280	콜282	콜285
2020. 05. 29 금	265.10	0.19	0.09	0.04	0.01
2020. 06. 04 목	292.90	15.00	12.10	9.93	7.48
4박 5일	27.80 상승	77.95배	133.44배	247.25배	747.00배

집단합의

수익을 내는 거래를 하고 싶다면 집단합의에서 벗어나야 합니다. 사람들은 '합리적'이란 단어를 광적으로 추종합니다. 하지만 실제로 합리적인 사람은 거의 없습니다. 합리적인 척할 뿐입니다. 이 현상은 집단의 규모가 커질수록 강력해져 비이성적인 사고가 조직을 지배하게 됩니다. 이러한 집단정서는 후천적으로 취득한 미학적 이상륜주의가 저변에 깔려 있습니다. 슬픈 뉴스나 반인륜적인 범죄를 보면 공통으로 느끼는 감성으로 공동정서이기도 합니다. 실제 사회생활에서는 아무런 문제가 없고, 당연한 집단정서는 금융거래에서 집단합의로 바뀌게 됩니다. 금융거래는 항상 소수가 다수를 이깁니다. 그래서 집단합의는 대부분 최악의 결과를 가져옵니다.

유명 애널리스트가 장을 분석했을 때 동조하는 세력이 작으면 장은 분석대로 가지만 동조하는 개미가 많아질수록 애널리스트의 분석과 반대로 시장은 흘러갑니다. 장의 흐름은 힘 있는 소수가 집단합의에 도달한 다수를 손실로 이끄는 쪽으로 가기 때문입니다. 이것이 진실입니다. 금융거래자의 대부분은 경제 분야에 상당한 지식을 가지고 있습니다. 사실, 이러한 지식들은 대부분 경제 TV에서 습득한 것들로 롱텀(Long term) 거래에는 유용해도 만기가 존재하는 거래에서는 방해만 됩니다. 하지만 남들에게 합리적으로 플렉스할 수 있다는 잠재적 요인이 강해 경제를 이해 못하면 금융거래에서 성공할 수 없다는 논리로 집단을 지배합니다.

| 케이스 |

코로나로 장이 상승할 때 대부분의 개미들은 시장이 하락하는 쪽으로 베팅을 했습니다. 앞으로의 경제 전망이 나빠질 것이 확실하고 실제 체감 경기 역시 바닥인 상태라고 모두가 느낀 상태에서 주식 시장이 상승하리라곤 누구도 예측 못했습니다. 게다가 뉴스에서는 암울한 베이스의 상황을 전개시켜 비관적 분위기에 일조를 한 것입니다.

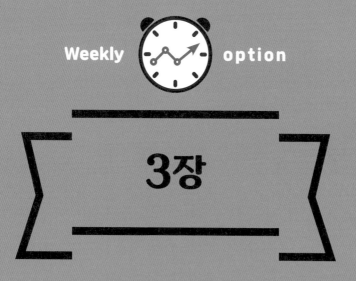

3장

통계

1. 옆줄 시세 및 빈도

옆줄은 하나의 옵션에서 시세가 나온 후 바로 이어 다른 옵션에서 시세가 나오는 것입니다. 예를 들어 선물이 상승을 하면서 콜 옵션에서 시세가 나온 후 바로 선물이 하락으로 전환해 풋 옵션에서 시세가 나올 때 옆줄이 발생했다고 합니다. 즉, 옆줄은 기존의 추세를 보였던 선물의 방향이 바뀌면서 다시 추세가 이어지기 때문에 단기 변곡점을 의미합니다. 대부분 옆줄은 장볼의 상·하단 부근에서 발생했을 때 큰 수익률이 나옵니다. 다음의 표와 표에 상응하는 1장의 차트를 비교해 옆줄이 발생하는 위치를 파악해 실전에 이용하시기 바랍니다.

① 단순 옆줄시세

옆줄이 발생하면 이론적으로 상당한 수익이 발생합니다. 예를 들어 콜 옵션에서 1배의 시세가 나온 후 옆줄이 발생해 풋 옵션에서 1배의 시세가 나왔을 때 100만 원을 투자했다면 콜에서 200만 원이 되고 이것을 다시 풋 옵션에 투자하면 총 400만 원으로 수익률이 2배가 아닌 3배로 늘어나게 됩니다. 다음의 표에서 옆줄의 큰 시세는 모두 만기일에 발생했습니다. 메이저들이 자신의 이익을 극대화시키기 위해 장을 흔들어대는 경우가 많기 때문입니다. 그리고 발생위치는 대부분 장볼 상단을 돌파한 상태나 장볼 하단을 이탈한 상태에서 나온 것을 고려하면 장볼의 상·하단부터 변곡점을 노리는 매매가 유용함을 알 수 있습니다.

일자	시세	시세	옆줄시세	발생위치
2019. 09. 26 목	풋10.00배	콜4.50배	59.50배	장하 이탈 상태
2019. 10. 24 목	풋11.00배	콜5.50배	77.00배	장하 이탈 상태
2019. 11. 06 수	콜3.26배	풋2.00배	8.78배	장상 돌파 상태
2019. 11. 07 목	콜2.67배	풋3.00배	13.68배	60분선 부근
2019. 11. 19 화	풋1.72배	콜3.00배	9.88배	장하 이탈 상태
2019. 11. 20 수	풋6.00배	콜1.13배	13.91배	장하 이탈 상태
2019. 11. 21 목	콜3.00배	풋5.50배	25.00배	20분선 부근
2019. 12. 04 수	콜1.50배	풋1.14배	4.35배	장하 부근
2019. 12. 05 목 ①	풋26.50배	콜2.00배	81.50배	장하 부근
2019. 12. 05 목 ②	풋3.00배	콜2.50배	13.00배	장하 부근
2019. 12. 18 수	콜1.35배	풋2.39배	8.97배	장상 돌파 상태
2019. 12. 27 금	콜7.63배	풋1.94배	24.37배	장상 돌파 상태
2020. 01. 02 목	풋28.33배	콜3.33배	126.00배	장하 이탈 상태
2020. 01. 23 목	콜2.50배	풋3.71배	15.48배	20분선 저항
2020. 02. 05 수	풋3.00배	콜2.00배	11.00배	60분선 지지
2020. 02. 19 수	풋15.00배	콜4.00배	79.00배	장볼 하단
2020. 02. 20 목	풋71.00배	콜10.00배	791.00배	장하 이탈 상태
2020. 03. 05 목	콜20.00배	풋8.75배	203.75배	장볼 상단
2020. 03. 17 화	콜2.76배	풋2.41배	11.82배	60분선 부근
2020. 03. 26 목 ①	콜11.00배	풋3.80배	56.60배	장상 부근
2020. 03. 26 목 ②	콜8.00배	풋23.75배	221.75배	장상 부근
2020. 04. 23 목 ①	콜9.00배	풋2.50배	34.00배	장상 돌파 상태
2020. 04. 23 목 ②	콜11.83배	풋8.00배	114.47배	장상 부근
2020. 04. 28 화	풋2.67배	콜1.35배	7.62배	60분선 지지
2020. 05. 07 목	콜5.00배	풋5.50배	38.00배	장상 부근
2020. 06. 11 목	풋35.50배	콜4.33배	193.54배	장하 이탈 상태
2020. 08. 13 목	풋51.00배	콜2.29배	170.00배	장하부근

② 복합 옆줄시세

콜 옵션(풋 옵션)에서 시세가 나온 후 연이어 풋 옵션(콜 옵션)에서 옆줄이 나오고, 다시 콜 옵션(풋 옵션)에서 옆줄이 발생해 옆줄의 시세가 2번 연속으로 나온 것을 의미합니다. 빈도는 그리 높은 편은 아니지만, 수익률이 기하급수적으로 늘어나는 장점이 있습니다. 2020년 5월 28일 목요일 만기일에는 2,422배의 천문학적인 시세가 발생했습니다.

일자	시세	시세	시세	복합시세	발생위치	발생위치
2020. 01. 08 수	풋1.21배	콜7.00배	풋1.02배	34.71배	장하 부근	60분선 부근
2020. 03. 03 화	풋3.30배	콜1.88배	풋4.19배	63.27배	장상 돌파	장상 부근
2020. 03. 10 화	풋2.86배	콜2.80배	풋1.35배	33.46배	장하 부근	60분선 저항
2020. 04. 29 수	콜7.00배	풋1.75배	콜2.18배	69.00배	장상 돌파	20분선 지지
2020. 05. 28 목	풋68.00배	콜8.57배	풋2.67배	2,422배	장상 돌파	장볼 하단
2020. 08. 06 목	콜43.00배	풋8.83배	콜2.14배	1,357배	장상 돌파	20선 부근

2. 동시호가 시세

위클리 옵션 만기일은 옵션 거래가 15:20에 마감되고, 10분간 동시호가를 거쳐 15:30에 결정되는 코스피200의 값으로 옵션 결제가 이루어집니다. 10분 동안 메이저들은 자신들의 포지션에 유리하게 지수를 올리거나 내리는 경우가 많습니다. 개미들의 포지션과 반대로 가는 경우가 대부분이고, 특히 개미들이 한쪽으로 과도하게 쏠릴 경우에는 큰 폭으로 지수가 변동하기도 합니다. 이런 이유는 문을 달아 놓고 개미들의 옵션 물량을 파악한 후 개미들이 큰 손해를 보게끔 프로그램 물량으로 지수를 왜곡하기 때문입니다.

〈표 1〉 1주 차~14주 차

구분	일자	15:20	15:30	증감
1주 차	2019. 09. 26	274.54	274.89	+0.35
2주 차	2019. 10. 02	269.13	268.55	−0.58
3주 차	2019. 10. 10	269.62	268.80	−0.82
4주 차	2019. 10. 17	274.92	275.57	+0.65
5주 차	2019. 10. 24	277.14	276.70	−0.44
6주 차	2019. 10. 31	276.10	275.82	−0.28
7주 차	2019. 11. 07	283.92	284.37	+0.45
8주 차	2019. 11. 14	282.63	283.93	+1.30
9주 차	2019. 11. 21	277.65	278.28	+0.63
10주 차	2019. 11. 28	281.29	281.23	−0.06
11주 차	2019. 12. 05	273.45	273.30	−0.15
12주 차	2019. 12. 12	284.94	285.11	+0.17
13주 차	2019. 12. 19	294.11	294.33	+0.22
14주 차	2019. 12. 26	293.49	294.07	+0.58

① 4주 차

코스피200이 274.92로 동시호가에 들어가 콜275는 내재가치가 없었던 상태였지만 코스피200이 0.65포인트 상승한 275.57로 마감하자 콜275는 0.11에서 0.57로 결제되어 10분 만에 4.18배의 시세가 발생했습니다.

시간	코스피200	콜275
15:20	274.92	0.11
15:30	275.57	0.57
10분	0.65 상승	4.18배

② 8주 차

콜282가 동시호가에 진입했을 때 0.26으로 마감했지만, 코스피
200이 283.93으로 1.30포인트가 상승해 1.43으로 결제되어 10분
만에 5.50배의 시세가 나왔습니다. 그리고 콜280은 2.51로 마감했
지만, 결제는 3.93으로 142틱의 수익이 발생해 수익률은 콜282보
다 작지만 수익금의 크기는 콜280이 좋습니다.

시간	코스피200	콜280	콜282	풋285	풋282
15:20	282.63	2.51	0.26	2.47	0.26
15:30	283.93	3.93	1.43	1.07	0
10분	1.30 상승	1.42 상승	5.50배	1.40 하락	꽝

③ 9주 차

콜277이 동시호가에 진입했을 때 0.39로 마감했지만, 코스피200
이 0.70포인트 상승한 278.28로 마감해 결제는 0.78로 1배의 시세

시간	코스피200	콜275	콜277	풋280	풋277
15:20	277.65	2.58	0.39	2.47	0.33
15:30	278.28	3.28	0.78	1.72	0
10분	0.63 상승	0.70 상승	1.00배	0.75 하락	꽝

가 나왔습니다. 콜275는 2.58에서 3.28로 결제되어 0.70포인트 상
승입니다.

④ 14주 차

동시호가에 진입했을 때의 코스피200은 293.49로 콜292의 내재
가치는 0.99, 풋295의 내재가치는 1.51였습니다. 콜 옵션이 고평가,
풋 옵션이 저평가된 상태로 결제를 들어갔는데, 결과는 고평가되
었던 콜 옵션의 가격이 상승해 마감했습니다. 항상 그런 것은 아니
지만 마감 직전에 고평가된 옵션의 방향으로 결제되는 확률이 약
간은 더 높습니다.

시간	코스피200	콜292	콜295	풋295	풋292
15:20	293.49	1.19	0.03	1.38	0.04
15:30	294.07	1.57	0	0.93	0
10분	0.58 상승	0.38 상승	꽝	0.45 하락	꽝

〈표 2〉 15주 차~28주 차

구분	일자	15:20	15:30	증감
15주 차	2020. 01. 02	290.62	290.35	−0.27
16주 차	2020. 01. 09	293.26	294.41	+1.15
17주 차	2020. 01. 16	302.73	302.78	+0.05
18주 차	2020. 01. 23	302.35	302.33	−0.02
19주 차	2020. 01. 30	288.82	288.37	−0.45
20주 차	2020. 02. 06	300.42	300.65	+0.23
21주 차	2020. 02. 13	300.78	300.93	+0.15
22주 차	2020. 02. 20	297.55	296.65	−0.90

23주 차	2020. 02. 27	277.28	277.09	-0.19
24주 차	2020. 03. 05	280.56	281.38	+0.82
25주 차	2020. 03. 12	246.13	247.62	+1.49
26주 차	2020. 03. 19	201.33	199.28	-2.05
27주 차	2020. 03. 26	229.70	229.34	-0.36
28주 차	2020. 04. 02	231.95	231.84	-0.11

⑤ 16주 차

동시호가에 진입했을 때의 코스피200은 293.26으로 콜292의 내재가치는 0.76, 풋295의 내재가치는 1.74였습니다. 콜 옵션이 고평가, 풋 옵션이 저평가된 상태로 결제를 들어갔는데, 결과는 고평가 되었던 콜 옵션의 가격이 상승해 마감했습니다.

시간	코스피200	콜292	콜295	풋295	풋292
15:20	293.26	0.93	0.02	1.68	0.09
15:30	294.41	1.91	0	0.59	0
10분	1.15 상승	1.98 상승	꽝	1.09 하락	꽝

⑥ 22주 차

동시호가에 진입했을 때의 코스피200은 297.55로 콜295의 내재가치는 2.55, 풋300의 내재가치는 2.45였습니다. 콜 옵션이 저평가,

시간	코스피200	콜295	콜297	풋300	풋297
15:20	297.55	2.30	0.11	2.74	0.34
15:30	296.65	1.65	0	3.35	0.85
10분	0.90 하락	0.65 하락	꽝	0.61 상승	2.50배

풋 옵션이 고평가된 상태로 결제를 들어갔는데, 결과는 고평가되었던 풋 옵션의 가격이 상승해 마감했습니다.

⑦ 24주 차

동시호가에 진입했을 때의 코스피200은 280.56으로 콜280의 내재가치는 0.56, 풋282의 내재가치는 1.94였습니다. 콜 옵션이 고평가, 풋 옵션이 저평가된 상태로 결제를 들어갔는데 결과는 고평가되었던 콜 옵션의 가격이 상승해 마감했습니다.

시간	코스피200	콜280	콜282	풋282	풋280
15:20	280.56	0.79	0.01	1.86	0.10
15:30	281.38	1.38	0	1.12	0
10분	0.82 상승	0.59 상승	꽝	0.74 하락	꽝

⑧ 25주 차

동시호가에 진입했을 때 코스피200은 246.13으로 콜245의 가격은 0.91이었지만 내재가치는 1.13으로 저평가였습니다. 풋247의 내재가치는 1.37에 불과했지만, 가격은 2.26으로 지나친 고평가 상태였습니다. 일반적으로는 고평가된 옵션의 방향으로 결제가 되는 경향이 있지만, 이 경우는 예외적입니다. 메이저의 입장에서는 지

시간	코스피200	콜245	콜247	풋247	풋245
15:20	246.13	0.91	0.21	2.26	0.41
15:30	247.62	2.62	0.12	0	0
10분	1.49 상승	1.88배	-0.09	꽝	꽝

나치게 고평가된 행사가 247을 양 매도하고, 행사가 245를 양 매수하는 것이 수익 측면에서 유리했기 때문입니다.

⑨ 26주 차

동시호가에 진입했을 때 코스피200은 201.33으로 콜200의 가격은 2.50이었지만 내재가치는 1.33으로 지나친 고평가였습니다. 풋202의 내재가치는 1.17이었지만, 가격은 1.09로 저평가 상태였습니다. ⑧항과 같은 이유로 행사가 200을 양 매도하고 행사가 202를 양 매수하는 것이 수익 측면에서 유리했기 때문입니다.

시간	코스피200	콜200	콜202	풋202	풋200
15:20	201.33	2.50	1.00	1.09	0.19
15:30	199.28	0	0	3.28	0.72
10분	2.05 하락	꽝	꽝	2.01배	2.79배

〈표 3〉 29주 차~38주 차

구분	일자	15:20	15:30	증감
29주 차	2020. 04. 09	245.78	245.61	-0.17
30주 차	2020. 04. 16	247.29	247.10	-0.19
31주 차	2020. 04. 23	254.10	253.74	-0.36
32주 차	2020. 04. 29	258.20	258.15	-0.05
33주 차	2020. 05. 07	254.58	254.46	-0.12
34주 차	2020. 05. 14	252.83	253.65	+0.82
35주 차	2020. 05. 21	264.25	263.74	-0.51
36주 차	2020. 05. 28	268.11	268.29	+0.18

37주 차	2020. 06. 04	286.57	286.45	−0.12
38주 차	2020. 06. 11	286.66	288.62	+1.96
39주 차	2020. 06. 18	281.28	281.91	+0.63
40주 차	2020. 06. 25	280.81	279.73	−1.08

⑩ 34주 차

동시호가에 진입했을 때 코스피200은 252.83으로 콜252의 가격은 0.41이었지만 내재가치는 0.33으로 고평가였습니다. 풋255의 내재가치는 2.17이었지만 가격은 2.50으로 둘 다 고평가 상태였습니다. 하지만 동시호가에서 8주 연속 하락이 나왔기 때문에 동시호가에서 상승이 나올 만한 위치였습니다.

시간	코스피200	콜250	콜252	풋255	풋252
15:20	252.83	2.61	0.41	2.50	0.32
15:30	253.65	3.65	1.15	1.35	0
10분	0.82 상승	1.04 상승	1.80배	1.15 하락	꽝

⑪ 38주 차

10분간 동시호가의 변화는 문을 닫아 놓고 메이저들끼리 자신에게 유리한 쪽으로 결제를 받기 위해 벌이는 이전투구의 장입니다. 이런 경우 옵션 매도가 유리하다고 결제를 받으러 들어갔다가 코피 터지는 경우가 반드시 생깁니다. 잔돈을 먹으려다가 재산을 잃어버린 사람들을 너무 많이 보았습니다. 오히려 소액으로 로또를 사는 개념으로 매수결제를 받는 것이 마음 편하고 유리합니다.

시간	코스피200	콜285	콜287	풋287	풋285
15:20	286.66	1.03	0.11	1.86	0.31
15:30	288.62	3.62	1.12	0	0
10분	1.96 상승	2.51배	9.18배	꽝	꽝

⑫ 40주 차

동시호가에 진입했을 때 코스피200은 280.81로 콜277의 가격은 3.00이었지만 내재가치는 3.31로 저평가였습니다. 풋282의 가격은 2.19이었지만 내재가치는 1.69로 고평가인 상태로 결제를 들어갔는데, 결과는 고평가되었던 풋 옵션의 가격이 상승해 마감했습니다.

시간	코스피200	콜277	콜280	풋282	풋280
15:20	280.81	3.00	0.30	2.19	0.30
15:30	279.73	2.23	0	2.77	0.27
10분	1.08 하락	0.77 하락	꽝	0.58 상승	0.03 하락

원숭이 화병

어느 지역에서 원숭이를 잡는 독특한 방법이 있습니다. 목이 잘록한 묵직한 화분에 원숭이가 좋아하는 음식을 집어넣고 자리를 비웁니다. 그리고 원숭이가 들어와 음식을 꺼내려 할 때 원숭이를 잡습니다. 평소 같으면 아주 빨라서 절대로 못 잡을 원숭이를 쉽게 잡습니다. 원숭이도 인기척을 느끼지만 손에 잡은 음식을 절대로 놓지 않기 때문에 도망을 못 갑니다. 그저 손에 잡은 음식을 놓기만 하면 도망갈 수 있는데도 욕심 많은 원숭이는 절대로 놓지 않습니다.

옵션 매도는 극외가 양매도를 하거나 근외가 양매도에 헤지를 하면서 대응을 하는 포지셔너 등 다양한 유형이 있습니다. 모두 숏 감마와 숏 베가 포지션입니다. 이 포지션의 약점은 추세의 발생입니다. 하지만 추세가 나오기 전까지 지루한 횡보를 하면서 프리를 죽이는 작업이 선행됩니다. 양매도 포지션에서 수익이 크게 발생하는 구간입니다. 이때 추가로 먹을 것이 있더라도 포지션을 줄여 나가면서 매수의 기회를 노려야 합니다. 계륵이자 팻 테일(Fat tail, 뚱뚱한 꼬리)의 위험 때문입니다. 하지만 대부분 움직이는 손익이론곡선의 성질은 무시하고 고정된 만기손익그래프만 참조해 포지션을 홀딩합니다. 그래프의 모습이 보기 좋고 확률상 정규분포의 중앙에 위치하기 때문입니다. 바로 이때가 인간들이 없다고, 안전하다고 화병에 손을 집어넣는 원숭이가 되는 것입니다.

0.10 이하에서는 매도를 무조건 청산하고 매수로 스위칭해가라

옵션 매도로 뼈까지 발라먹다 가시에 찔립니다. 많은 이들이 실제로 경험하는 사례들입니다. 몇 틱 남지 않은 프리까지 취하려는 행동은 옵션의 생리를 이해 못 했기 때문입니다. 옵션은 죽어야 사는 괴상한 생물입니다. 죽어가지만 죽은 것이 아닙니다. 관에 못질을 한 상태에서도 강시처럼 튀어나오는 경우가 의외로 많습니다. 따라서 옵션의 매수는 가망이 없어 정말 사기 싫을 때 사는 것입니다. 또는 옵션 매수자들이 질려서 몇 틱이라도 건지려고 손절을 할 때 사는 것입니다.

3. 위클리 옵션 등합

등합과 선물의 진폭은 밀접한 관계가 있습니다. 선물의 진폭이 커질수록 등합의 크기도 커집니다. 등합이 커진다는 것은 하락할 확률이 높은 변동성 장세로의 전환을 의미합니다. 평소 정규 월 물의 등합과 함께 위클리 옵션의 등합이 어떤 수준인지 파악하면 현재의 장세에 대한 분석이 수월해집니다.

① 1주 차~8주 차

잔존일	1주 차	2주 차	3주 차	4주 차	5주 차	6주 차	7주 차	8주 차
D-4				4.46	3.64	3.64	3.65	3.84
D-3	4.09	3.34	3.10	3.26	3.09	3.16	2.92	3.45
D-2	3.01	2.53	2.74	2.47	2.28	2.59	2.59	3.00
D-1	2.22	2.01	2.30	2.05	2.18	2.21	1.96	2.41
D-0	1.10	0.95	1.35	0.43	0.84	1.24	0.96	2.48

② 9주 차~16주 차

잔존일	9주 차	10주 차	11주 차	12주 차	13주 차	14주 차	15주 차	16주 차
D-4	3.56	3.88	3.99	4.40	3.98			5.18
D-3	3.13	3.27	3.34	3.70	3.20	3.30		4.23
D-2	2.68	2.82	2.99	2.86	2.65	2.79	3.05	3.52
D-1	1.97	2.00	2.18	2.28	2.17	1.84	2.58	2.82
D-0	0.72	1.48	1.08	0.86	0.83	1.41	0.63	1.70

③ 17주 차~24주 차

등합이 점차 커지면서 장이 폭락할 것이라는 신호를 보내주었습니다.

잔존일	17주 차	18주 차	19주 차	20주 차	21주 차	22주 차	23주 차	24주 차
D-4	3.70	4.06		5.96	5.68	5.14	6.27	11.82
D-3	3.27	3.39		5.58	5.36	4.15	7.61	8.99
D-2	2.85	3.06	4.28	4.21	4.30	3.88	5.31	6.46
D-1	2.04	2.45	2.91	2.86	3.22	3.00	4.32	4.18
D-0	0.50	0.50	1.32	0.83	0.98	0.45	0.81	1.87

④ 25주 차~32주 차

리먼 사태보다도 심한 폭락으로 등합(변동성)은 미친 수준으로 오른 상태였습니다.

잔존일	25주 차	26주 차	27주 차	28주 차	29주 차	30주 차	31주 차	32주 차
D-4	8.87	13.77	25.76	16.00	11.39		7.40	
D-3	10.46	19.33	14.47	13.64	9.08	8.28	6.32	7.58
D-2	8.10	12.92	10.59	8.73	7.01	7.28	6.24	5.24
D-1	5.85	7.35	7.49	6.69	5.52	4.76	4.05	3.40
D-0	2.47	2.69	1.34	1.03	1.20	0.57	1.49	0.84

⑤ 33주 차~40주 차

잔존일	33주 차	34주 차	35주 차	36주 차	37주 차	38주 차	39주 차	40주 차
D-4		6.54	5.81	5.73	5.91	8.42	9.40	8.54
D-3		5.58	4.79	4.42	4.98	7.53	9.55	6.99
D-2	6.38	4.89	3.58	3.33	3.89	6.20	6.58	5.31
D-1	3.24	3.34	2.49	2.27	3.66	4.60	4.73	3.45
D-0	0.62	0.73	1.58	0.68	1.25	1.97	1.26	0.93

돈의 특성

* 돈은 급한 자의 주머니에서 여유 있는 자의 주머니로 옮겨간다.
* 자신이 노동해서 버는 돈보다 자본이익이 더 커질 때 비로소 자산가가 될 조건이 된다.
* 돈은 뭉치는 성격이 강하다. 그래서 큰 무리의 돈이 있는 곳으로 옮겨간다.
* 돈이 많다고 행복하지는 않다. 하지만 돈이 없으면 대부분 불행해진다.
* 돈은 자유와 방탕을 선사한다. 자유와 방탕은 다르다.
* 돈은 자신을 사랑하는 사람에 관심 없다. 큰 무리의 돈에 충성할 뿐이다.

4. 다우지수와 국내 선물의 상관관계

다우지수와 국내선물의 모습은 흐름이 비슷합니다. 다음 차트에서도 5일선, 20일선, 60일선의 위치와 장볼 상·하단의 폭도 거의 흡사한 모습으로 상관관계가 상당히 높은 편입니다. 그래서 많은 사람들이 다우의 흐름에 관심을 갖고 우리 장의 흐름을 예측합니다. 큰 흐름에서는 올바른 방법입니다. 하지만 다우의 흐름과 맥을 같이하더라도 일봉에서 어떤 부분은 다우의 흐름과 전혀 동떨어진 흐름을 보일 때가 있습니다. 다우가 장대양봉으로 마감했지만 우리 장은 장대음봉으로 마감하거나, 다우가 보합으로 마감했지만 우리 장은 장대양봉이나 장대음봉으로 마감하는 경우들이 그러합니다. 이러한 경우가 의외로 많이 발생하는 이유는 상반사고 이론을 이용한 메이저들의 의도 때문입니다. 그러한 상황들을 여기에 수록했습니다.

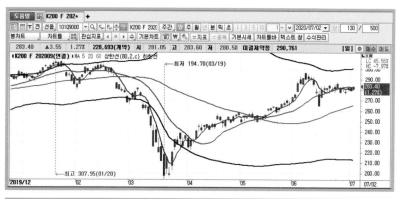

① 다우가 보합으로 마감했으나 장대양봉으로 마감한 케이스

일자	다우 마감	국내선물 마감
2019. 10. 08 화	-0.36%	진폭 3.80포인트의 장대양봉
2019. 12. 10 화	-0.38%	진폭 2.85포인트의 양봉
2019. 12. 12 목	+0.11%	갭 상승 1.90포인트, 진폭 2.85포인트의 양봉
2019. 12. 26 목	-0.13%	진폭 2.45포인트의 양봉
2020. 02. 12 수	보합	진폭 4.30포인트의 장대양봉
2020. 04. 17 금	+0.14%	갭 상승 4.80포인트, 진폭 5.10포인트의 장대양봉
2020. 04. 29 수	-0.13%	진폭 4.05포인트의 장대양봉

② 다우가 보합으로 마감했으나 장대음봉으로 마감한 케이스

일자	다우 마감	국내선물 마감
2019. 10. 18 금	+0.09%	진폭 4.05포인트의 장대음봉
2019. 11. 11 월	+0.09%	진폭 2.90포인트의 음봉
2019. 12. 24 화	+0.34%	진폭 2.80포인트의 음봉
2020. 01. 30 목	+0.04%	진폭 6.80포인트의 장대음봉
2020. 02. 07 금	+0.30%	진폭 3.80포인트의 장대음봉

③ 다우가 양봉으로 마감했으나 장대음봉으로 마감한 케이스

일자	다우 마감	국내선물 마감
2019. 11. 08 금	+0.06%, 위 꼬리양봉	진폭 3.30포인트의 장대음봉
2020. 01. 03 금	+1.16%, 장대양봉	진폭 5.90포인트의 장대음봉
2020. 01. 31 금	+0.43%, 장대양봉	갭 상승 2.75포인트, 진폭 6.70포인트의 장대음봉
2020. 02. 05 수	+1.44%, 장대양봉	진폭 3.80포인트의 아래 꼬리 당 음봉
2020. 02. 13 목	+0.94%, 장대양봉	진폭 4.45포인트의 장대음봉

2020. 02. 20 목	+0.40%, 양봉	갭 상승 1.85포인트, 진폭 6.25포인트의 장대음봉
2020. 03. 03 화	+5.09%, 장대양봉	갭 상승 5.60포인트, 진폭 6.80포인트의 장대음봉
2020. 03. 09 월	-0.98%, 장대양봉	갭 하락 8.80포인트, 진폭 6.10포인트의 장대음봉
2020. 03. 11 수	+4.89%, 장대양봉	갭 하락 1.50포인트, 진폭 9.20포인트의 장대음봉
2020. 03. 16 월	+9.36%, 장대양봉	진폭 15.90포인트의 장대음봉
2020. 03. 18 수	+5.20%, 장대양봉	진폭 16.85포인트의 장대음봉
2020. 03. 26 목	+2.39%, 도지양봉	진폭 8.05포인트의 장대음봉
2020. 03. 27 금	+6.38%, 장대양봉	갭 상승 10.95포인트, 진폭 13.40포인트의 장대음봉
2020. 04. 20 월	+2.99%, 장대양봉	진폭4.35포인트의 장대음봉
2020. 05. 11 월	+1.91%, 장대양봉	진폭4.40포인트의 장대음봉
2020. 06. 09 화	+1.70%, 장대양봉	갭 상승 +2.75포인트, 진폭 7.05포인트의 장대음봉

④ 다우가 음봉으로 마감했으나 장대양봉으로 마감한 케이스

일자	다우 마감	국내선물 마감
2019. 11. 01 금	-0.52%, 장대음봉	진폭 4.00포인트의 장대양봉
2020. 01. 13 월	-0.46%, 장대음봉	진폭 3.60포인트의 장대양봉
2020. 01. 22 수	-0.52%, 음봉	진폭 5.60포인트의 장대양봉
2020. 02. 03 월	-2.09%, 장대음봉	갭 하락 3.25포인트, 진폭 6.15포인트의 장대양봉
2020. 02. 10 월	-0.94%, 장대음봉	갭 하락 3.60포인트, 진폭 3.35포인트의 장대양봉
2020. 02. 14 금	-0.49%, 도지음봉	진폭 5.20포인트의 장대양봉
2020. 02. 25 화	-3.56%, 장대음봉	갭 하락 1.25포인트, 진폭 5.05포인트의 장대양봉
2020. 02. 26 수	-3.15%, 장대음봉	갭 하락 5.85포인트, 진폭 4.10포인트의 위 꼬리양봉
2020. 03. 04 수	-2.94%, 장대음봉	갭 하락 2.30포인트, 진폭 9.05포인트의 장대양봉
2020. 03. 10 화	-7.79%, 장대음봉	진폭 4.65포인트의 아래 꼬리 장대양봉
2020. 03. 13 금	-9.99%, 장대음봉	갭 하락 20.05포인트, 진폭 21.25포인트의 장대양봉
2020. 03. 24 화	-3.04%, 장대음봉	갭 상승 7.55포인트, 진폭 18.35포인트의 장대양봉
2020. 04. 02 목	-4.44%, 장대음봉	진폭 9.25포인트의 장대양봉
2020. 04. 06 목	-1.69%, 장대음봉	진폭 8.05포인트의 장대양봉
2020. 04. 22 수	-2.67%, 장대음봉	진폭 7.85포인트의 장대양봉
2020. 05. 13 수	-1.89%, 장대음봉	갭 하락 3.40포인트, 진폭 6.70포인트의 장대양봉

옵션의 정년

2008년에 옵션을 하시는 분을 알게 되었습니다. 가끔 강의에 참석해서 선물과 옵션에 관해 귀찮을 정도로 질문을 많이 하는 분으로 기억합니다. 우연히 뒤풀이를 하면서 나이를 알고 놀랐습니다. 지금은 돌아가신 어머니와 동갑이었기 때문입니다. 2012년경으로 기억하는데 당시 모친은 거동이 불편한 상태였고, 그분은 옵션을 거래하고 계시니 묘한 기분이 들었습니다. 그리고 그분께 친근한 감정이 들었는데 아마도 모친과 연관된 것 같았습니다. 이후 문자로 안부를 주고받거나 가끔 만나서 식사를 했습니다. 모친이 돌아가시고 나서는 더욱 그리웠습니다. 만나면 옵션 이야기도 하고 이런저런 이야기도 하는데 편합니다.

작년에 분당에서 식사를 했는데 소주를 몇 잔씩 하시는 게 보기 좋았습니다. "거래는 잘 되세요?"라고 물었더니 "요즘은 30분 정도 앉아 있으면 불편해. 그래서 거래가 좀 뜸해. 그저 취미 삼아 하는 정도야" 하셨습니다. 맘이 짠하면서도 좋았습니다. 곧, 식사자리를 마련해야겠습니다. 그리고 여전히 옵션 거래는 잘 하시는지 궁금합니다. 내가 아는 한 옵션 거래에서 가장 연배이신 그분은 1937년생이십니다.

5. 위클리 옵션 상위수익률

① 콜 옵션(당일, 10배 이상)

위클리 옵션이 상장되고 나서 발생한 콜 옵션의 시세 중 수익률 상위에 오른 종목들의 시세는 모두 0.10 미만에서 발생했고, 0.01 에서 발생한 시세가 압도적으로 많습니다. 또한 전일종가로 매수 오버해서 수익이 난 것은 단 2번에 불과하고, 대부분 당일 저가까지 심하게 눌린 상태에서 시세가 발생한 것을 알 수 있습니다. 이로 미루어 옵션의 매수오버보다는 당일의 저점을 노려 매수하는 것이 올바른 방법입니다. 또한 당일 큰 시세가 발생하고 나면 대부분 고점 대비 상당 폭으로 수익을 반납했습니다. 옵션의 시세는 나비처럼 왔다가 벌처럼 사라진다는 격언을 증명하고 있습니다.

일자	선물진폭	콜 옵션 시세	콜가격(저가-고가)	전일종가	당일종가
2020. 06. 03 수	7.30 상승	125.00배	0.01~1.26	0.01	0.58
2020. 02. 06 목	6.60 상승	70.00배	0.02~1.42	0.01	0.71
2020. 03. 04 수	8.85 상승	64.00배	0.01~0.65	0.13	0.44
2020. 08. 06 목	5.60 상승	43.00배	0.02~0.88	0.04	0.01
2020. 03. 12 목	6.35 상승	40.00배	0.01~0.41	4.10	0.01
2020. 04. 22 수	7.80 상승	28.00배	0.01~0.29	0.37	0.18
2020. 06. 04 목	3.20 상승	26.00배	0.01~0.27	당일상장	0.01
2020. 01. 22 수	5.60 상승	21.70배	0.03~0.68	0.06	0.55
2020. 03. 05 목	2.90 상승	20.00배	0.02~0.42	0.44	0.01
2020. 03. 24 화	18.35 상승	17.17배	0.06~1.09	0.10	0.97
2020. 01. 16 목	2.50 상승	13.50배	0.02~0.29	0.43	0.29
2019. 11. 15 금	4.40 상승	12.00배	0.01~0.13	0.02	0.11
2020. 04. 23 목	3.40 상승	11.83배	0.06~0.77	0.55	0.03
2020. 03. 26 목	7.20 상승	11.00배	0.02~0.24	0.03	0.01
2020. 02. 04 화	6.20 상승	10.05배	0.02~0.23	0.04	0.16
2020. 02. 20 목	3.15 상승	10.00배	0.05~0.55	2.04	0.11

② 풋 옵션(당일, 20배 이상)

풋 옵션에서 큰 시세는 대부분 만기일에 발생했고, 월요일과 금요일에는 20배 이상의 시세가 발생한 적이 없습니다. 금요일과 월요일은 프리의 수준이 높게 형성되어 있어 큰 시세가 나오기 힘든 구조이기 때문입니다. 풋 옵션 역시 큰 시세는 모두 0.10 미만대의 가격에서 발생했지만 0.01에서 난 시세가 압도적으로 많습니다. 전일의 종가에 풋 옵션을 매수해 오버한 경우는 대부분 수익이 발생하지 않았습니다.

큰 시세를 주고 나서는 대부분 상승폭의 상당부분을 반납했습니다. 그 이유는 변동성이 살아나 순간적으로 큰 시세를 주었지만, 이후부터는 만기까지 고평가된 시간가치를 해소하는 과정이 필연적으로 발생했기 때문입니다.

일자	선물진폭	풋 옵션 시세	풋가격(저가~고가)	전일종가	당일종가
2020. 03. 19 목	25.65 하락	470.00배	0.01~4.71	당일상장	0.19
2020. 08. 20 목	11.45 하락	159.00배	0.02~3.94	0.12	2.79
2020. 03. 12 목	11.95 하락	86.00배	0.01~0.87	0.09	0.01
2020. 01. 30 목	6.80 하락	72.75배	0.04~2.95	2.07	1.28
2019. 11. 21 목	4.50 하락	71.00배	0.01~0.72	0.62	0.33
2020. 02. 20 목	6.25 하락	71.00배	0.01~0.72	0.38	0.01
2020. 05. 28 목	6.10 하락	68.00배	0.01~0.69	0.45	0.01
2020. 08. 13 목	5.85 하락	51.00배	0.02~1.04	0.74	0.31
2020. 04. 01 수	11.70 하락	42.00배	0.01~0.43	0.17	0.30
2020. 06. 11 목	8.05 하락	35.50배	0.04~1 46	0.35	0.31
2020. 04. 21 화	7.00 하락	31.33배	0.03~0.97	0.06	0.13
2020. 01. 02 목	4.75 하락	28.33배	0.03~0.88	0.16	0.16
2019. 12. 05 목	3.85 하락	26.50배	0.02~0.55	0.38	0.02
2020. 03. 26 목	7.40 하락	23.75배	0.04~0.99	2.22	0.86
2020. 06. 04 목	5.60 하락	21.00배	0.01~0.22	0.60	0.01
2020. 03. 18 수	13.75 하락	20.22배	0.09~1.91	0.58	1.91

③ 콜 옵션(하루 이상 보유)

콜 옵션은 저평가 상태의 속성 때문에 선물의 상승 초기에는 콜 옵션에서 큰 시세가 발생하지 않습니다. 하지만 지속적으로 상승하면 큰 시세가 나올 확률이 높아집니다. 저평가되었던 극 외가 옵션들이 근 외가 옵션으로 전환되면서 감마효과와 상승변동성이 터지기 때문입니다.

회차	보유기간	선물변화	콜시세	콜가격
위클리 옵션 37주 차	4박 5일	27.80 상승	747.00배	0.01~7.48
위클리 옵션 20주 차	3박 4일	20.90 상승	369.00배	0.01~3.70
위클리 옵션 7주 차	3박 4일	10.90 상승	63.00배	0.01~0.64
위클리 옵션 27주 차	2박 3일	35.40 상승	41.38배	0.08~3.39
위클리 옵션 36주 차	3박 4일	12.55 상승	29.60배	0.05~1.53

④ 풋 옵션(하루 이상 보유)

방향이 하락이더라도 풋 옵션을 하루 이상 보유할 때 큰 시세가 나오기 어렵습니다. 그 이유는 풋 옵션이 너무 고평가 상태가 되면 방향을 맞추어도 변동성의 감소와 쎄타의 감소가 커져 옵션 가격을 하락시키는 요인으로 작용하기 때문입니다. '하락장에 풋매수로 망한다'라는 격언이 풋 옵션의 특성을 잘 묘사하고 있습니다.

회차	보유기간	선물변화	풋 시세	풋가격
위클리 옵션 25주 차	1박 2일	21.55 하락	38.20배	0.05~1.92

20달러 조크

차익거래가 금융공학으로 진보되는 과정을 보면 미국의 시카고학파의 경제학자인 유진 파머(Eugene Fama), 머튼 밀러(Merton Miller)가 주장했던 풋콜 패리티 이론입니다. 즉 경제적으로 동일한 금융자산의 가치는 어디서든 같은 가치를 가져야 된다는 가격무차별법칙, 일물일가법칙입니다. 이는 시장은 효율적이라는 믿음에서 출발하고 대부분이 공감을 합니다. 아니, 거의 절대적입니다. 합리적이고 이성적으로 생각하려는 본능 때문이죠. 시카고학파를 추종하는 경제학자들은 더욱 풋콜 패리티 이론을 진전시켜 나가지만, 차익거래자들은 겉으로는 고개를 끄덕이지만 속으로는 동의하지 않습니다.

20달러 조크는 시카고학파가 주장한 것입니다. 시장은 효율적이라 길거리에 20달러가 떨어져 있을 수가 없습니다. 벌써 누가 집어 갔겠지, 아직 있을 리가 없다고 생각합니다. 하지만 실제로 20달러가 떨어져 있는 곳을 발견하고 남몰래 줍고 있던 차익거래자들은 겉으로는 밀러의 주장에 수긍하고 치켜세웁니다. 금융 시장에서 비효율성이 존재한다는 것을 안 차익거래자들은 그저 허리를 굽혀 20달러를 줍고 있었던 것입니다. 그들은 남들이 그 방법을 알 때까지 20달러를 부지런히 주웠고 모두가 그 방법을 알게 되면 미련 없이 새로운 20달러를 찾으러 다닙니다.

차익거래자들만큼 켈리의 법칙*을 신봉하는 사람은 없을 겁니다. 이후 진화를 거듭한 차익거래는 종류도 다양화되고 기법도 점점 첨단화된 경쟁으로 레드오션이 되었지만, 시장의 불확실성이 증폭될 때는 여전히 무위험차익거래의 타이밍은 생기고 그것을 남들이 알지만 못한다면 지속적인 수익이 발생합니다. 그리고 생각처럼 많은 자금이 필요하지는 않습니다. 결국은 아이디어인데 위클리 옵션 또한 재테크를 위한 훌륭한 금융상품입니다. 아주 작은 돈으로 대규모 주식에 대한 헤지가 가능한 상품이니 작은 금액으로 큰 혜택을 볼 수 있는 보험이라고 볼 수도 있습니다. 가끔은 내일의 흐름이 눈에 보일 만큼 노골적인 신호를 보내는 경우도 있습니다. 일종의 부너스인 20달러입니다. 이외에도 비합리적인 현상도 자주 벌어져 몽상가적 사고도 필요합니다. 어쩌면 금융 시장은 봉이 김선달이 살기에 재미있는 곳이기도 합니다.

---

* **켈리의 법칙** : 정보의 정확도가 높으면 높을수록 부의 증식속도가 빠르다는 법칙

6. 위클리 옵션 만기일 시세

위클리 옵션은 단기 상품으로 시간가치가 급속하게 감소합니다. 그렇기 때문에 시간가치로만 구성된 외가 옵션의 매수는 매도에 비해서 불리한 점이 많습니다. 지수의 움직임 없이 횡보만 하더라도 콜 옵션과 풋 옵션 모두 프리가 줄어드는 것이 보일 정도이니 매수를 하면 손실나기 일쑤입니다. 이러한 경험을 몇 번 하다 보면 매수는 할 것이 못 된다는 생각이 뇌리에 박히게 됩니다. 당연히 맞는 생각입니다. 가위바위보를 하는데 비겨도 지는 방식이라면 하는 사람이 잘못된 것이죠. 그래서 논리적으로 매수는 이길 수 없는 게임이라고 단정 짓는 사람이 의외로 많습니다.

실제로 금전적으로 여유가 있는 큰손 개미들은 양 매도를 주 전략으로 취해 꾸준히 수익을 냅니다. 하지만 큰 수익을 내지는 못합니다. 옵션 매도의 증거금이 원체 비싸고 경험치가 높아질수록 눈에 보이는 것이 다가 아니란 것을 깨닫기 때문입니다. 특히 만기일은 프리의 감소가 더욱 심해 매도자들의 수익이 늘어나기 쉬운 구조인데도 왜 큰 수익을 내지 못할까요? 그 이유는 수요와 공급 때문입니다. 옵션을 매수하려는 사람이 많아지면 옵션의 가격은 올라갑니다. 수요가 늘기 때문입니다. 그런데 옵션 매도자가 많아지면 옵션의 가격은 내려갑니다. 공급이 넘치기 때문입니다. 누구나 옵션의 시간가치는 만기가 되면 0으로 수렴한다는 것을 알고 있습니다. 그래서 가끔은 경쟁적으로 매도를 하게 되어 시간가치만 있는 옵션의 가치가 저평가 상태에 놓이게 됩니다. 남아 있는 시간에 비해 시간가치가 거의 없는 상태가 되는 것이죠. 만일 이 상태의 콜 옵션을 매수하게 되어 선물이 상승하면 시간가치가 거의 없어 그 흐름은 선물의 흐름과 유사해집니다. 시간가치의 감소라는 적군이 사라졌기 때문에 선물의 상승폭만 커지면 만기일에는 큰 폭의 시세가 가능한 것입니다. 옵션 매매의 손익은 제로섬입니다. 가끔 옵션에서 큰 시세가 나오면 매도자들은 큰 손실을 입게 됩니다. 그 손실을 매수자가 수익으로 취하는 것입니다.

다음의 표는 만기일 발생한 시세를 요약한 것입니다. 16주 차를 제외하고 5주 차부터 48주 차까지 연속으로 시세가 나왔습니다. 16주 차는 갭 상승의 크기가 커서 당일의 시세가 안 나온 유일한 만기일이었습니다. 표를 보는 방법은 1주 차 만기일 장 중에 선물이 2.40포인트 하락하자 풋 옵션에서 10배의 시세가 나왔고, 선물이 1.40포인트 상승하면서 콜 옵션에서 4.50배의 시세가 나온 것을 표시한 것입니다. 만기일은 시세가 많이 나올 때는 5번까지 나온 경우도 5번이나 될 정도로 시세가 쉽게 나옵니다. 그래서 많은 사람들이 만기일을 기다려 매매를 하는 것입니다. 다음의 표를 반복적으로 보고 또 보고해서 외울 정도가 될 때까지 차트와 함께 자신의 것으로 만들기 바랍니다. 어떠한 패턴이 보인다면 수익을 낼 준비가 된 것입니다.

일자	회차	선물진폭	콜시세	풋시세
2019. 09. 26 목	1주 차	2.40 하락		10.00배
		1.40 상승	4.50배	
2019. 10. 24 목	5주 차	2.85 하락		11.00배
		1.55 상승	3.00배	
		1.40 상승	5.50배	

날짜	주차	변동	상승배수	하락배수
2019. 10. 31 목	6주 차	2.00 상승	2.80배	
		3.45 하락		18.25배
2019. 11. 07 목	7주 차	1.10 상승	2.67배	
		0.65 하락		3.00배
2019. 11. 14 목	8주 차	1.25 상승	1.83배	
		1.75 하락		2.07배
2019. 11. 21 목	9주 차	4.50 하락		71.00배
		1.60 상승	3.00배	
		2.05 하락		5.50배
		0.95 상승	2.00배	
2019. 11. 28 목	10주 차	1.60 상승	4.00배	
		1.10 하락		4.33배
2019. 12. 05 목	11주 차	1.10 상승	2.00배	
		3.85 하락		26.50배
		1.55 상승	2.00배	
		0.45 하락		3.00배
		0.85 상승	2.50배	
2019. 12. 12 목	12주 차	2.80 상승	4.11배	
2019. 12. 19 목	13주 차	1.45 하락	1.04배	
		1.15 하락	1.34배	
		1.30 하락	4.40배	
		1.35 상승	7.00배	
2019. 12. 26 목	14주 차	1.80 상승	2.60배	
		1.05 하락		1.17배
		1.80 상승	2.74배	
2020. 01. 02 목	15주 차	4.75 하락		28.33배
		1.85 상승	3.33배	
2020. 01. 16 목	17주 차	2.50 상승	13.50배	
		2.50 상승	8.50배	
2020. 01. 23 목	18주 차	2.40 상승	2.50배	
		2.10 하락		3.71배
2020. 01. 30 목	19주 차	6.80 하락		72.75배
		1.35 상승	4.86배	
2020. 02. 06 목	20주 차	6.60 상승	70.00배	

날짜	주차	변동	상승배수	하락배수
2020. 02. 13 목	21주 차	2.15 상승	2.20배	
		3.45 하락		7.83배
2020. 02. 20 목	22주 차	6.25 하락		71.00배
		3.15 상승	10.00배	
2020. 02. 27 목	23주 차	3.55 하락		10.50배
2020. 03. 05 목	24주 차	2.90 하락		4.00배
		2.90 상승	20.00배	
		2.05 하락		8.75배
2020. 03. 12 목	25주 차	11.95 하락		86.00배
		6.35 상승	40.00배	
2020. 03. 19 목	26주 차	25.65 하락		470.00배
2020. 03. 26 목	27주 차	7.20 상승	11.00배	
		7.20 하락		3.80배
		4.80 상승	4.50배	
		3.00 상승	8.00배	
		7.40 하락		23.75배
2020. 04. 02 목	28주 차	5.00 하락		5.33배
		7.60 상승	9.25배	
2020. 04. 09 목	29주 차	3.15 하락		3.00배
		2.05 상승	1.50배	
		2.35 상승	3.00배	
		2.05 상승	4.25배	
2020. 04. 16 목	30주 차	3.45 하락		4.00배
		3.45 상승	5.00배	
2020. 04. 23 목	31주 차	3.70 상승	9.00배	
		3.40 하락		2.50배
		3.40 상승	11.83배	
		2.40 하락		8.00배
		1.70 상승	9.00배	
2020. 04. 29 수	32주 차	4.05 상승	7.00배	
		2.15 하락		1.75배
		1.45 상승	2.18배	
		1.65 하락		4.00배

날짜	주차	행사가	상승배수	하락배수
2020. 05. 07 목	33주 차	2.65 상승	5.00배	
		1.90 하락		5.50배
2020. 05. 14 목	34주 차	0.75 하락		2.40배
		0.95 상승	8.00배	
2020. 05. 21 목	35주 차	1.70 하락	3.00배	
		0.95 하락	2.50배	
2020. 05. 28 목	36주 차	6.10 하락		68.00배
		3.70 상승	8.57배	
2020. 06. 04 목	37주 차	3.20 상승	26.00배	
		5.60 하락		21.00배
2020. 06. 11 목	38주 차	3.05 상승	2.25배	
		8.05 하락		35.50배
		1.85 상승	4.33배	
2020. 06. 18 목	39주 차	2.45 상승	3.67배	
		3.55 하락		5.00배
		3.40 상승	2.29배	
		0.50 상승	1.33배	
2020. 06. 25 목	40주 차	2.95 상승	1.75배	
		4.00 하락		11.00배
		1.75 하락		2.25배
		1.80 하락		4.00배
		1.45 하락		3.44배
2020. 07. 02 목	41주 차	1.45 하락		1.38배
		2.25 상승	2.25배	
		1.10 상승	1.19배	
		1.30 상승	1.89배	
2020. 07. 09 목	42주 차	1.70 상승	3.00배	
		2.45 상승	3.87배	
		1.35 하락		2.26배
2020. 07. 16 목	43주 차	1.35 상승	1.33배	
		3.25 하락		8.45배
		1.75 하락		5.50배
		1.35 상승	4.29배	

2020. 07. 23 목	44주 차	3.35 하락		5.00배
		2.45 하락		8.00배
		1.40 상승	1.42배	
		1.95 상승	4.70배	
2020. 07. 30 목	45주 차	0.75 상승	1.69배	
		0.80 하락		1.64배
2020. 08. 06 목	46주 차	5.60 상승	43.00배	
		3.95 하락		8.83배
		1.85 상승	2.11배	
2020. 08. 13 목	47주 차	1.90 상승	2.69배	
		5.85 하락		51.00배
		1.95 상승	2.29배	
2020. 08. 20 목	48주 차	11.45 하락		159.00배
		1.40 상승	3.08배	

매매 습관

1. 손실 발생 시 물타기(Watering)하지 마라
언젠간 혼쭐난다. 처음에 몰빵하면 오히려 손절이 가능하다.

2. 수익이 나면 지켜라
며칠간 지속되면 관성의 법칙으로 지속적인 수익이 난다. 반대의 경우 무조건 휴식하라. 바이오리듬이 하락 중이다.

3. 중장기 추세에 목매지 말아라
10분봉 하나에 치명타를 입는다.

4. 장중 추세인지, 박스인지 파악해라
이것도 모르면 차라리 홀짝을 해라.

5. 비자발적 장기 투자자가 되지 마라
한 달 후 거덜난다.

6. 강한 예측은 쪽박의 지름길임을 죽어도 잊지 마라
갈대를 생각해라. 유연함이 갈대를 살린다.

7. 매매일지를 꼭 써라
안 쓰면서 돈 번 사람 거의 없다.

8. 무지개는 바로 옆에 있다
쪽박은 기법의 문제가 아니라 매매 습관이다. 그러면서 매매 툴만 열심히 찾는다.

9. 오버로 대박나면 오버로 쪽박난다
옵션 매수로 수익 날 확률은 33% 미만이지만 실제로는 그 이하다.

10. 차트는 기본에 충실해라
보조지표가 많을수록 어지럽고 돈 번 사람 못 봤다.

11. 수익이 나면 이익금을 인출해서 적당히 인심 써라
대인관계가 좋아지고 우울증에 특효다.

7. 갭 크기에 따른 옵션 시세

코스피200선물의 특징은 미국 장의 영향으로 갭이 많이 발생합니다. 하지만 상황에 따라 갭의 크기가 모두 다르고 이것이 옵션의 가격에 미치는 영향은 등합의 수준과 메이저의 의도에 따라 천차만별이기에 이를 계량화하는 것은 불가능합니다. 따라서 다음의 표는 선물의 갭 발생이 옵션 가격에 어떠한 영향을 미쳤는지 단순 비교한 것 이상의 의미는 없습니다. 다만 갭의 크기와 빈도가 어떤 식으로 발생하는지 파악해 합성 전략수립에 참조하시면 좋을 것입니다. 이 부분은 옵션의 합성 전략을 위한 것으로 여기서 추가 설명은 생략합니다.

① 상승 갭

일자	갭 크기	행사가	시세	전일종가~당일시가	전일등합
2019. 12. 12 목	1.90포인트	콜285	1.83배	0.06~0.17	2.28
2019. 12. 13 금	1.50포인트	콜295	2.17배	0.12~0.38	4.82
2020. 01. 03 금	3.00포인트	콜300	81.82%	0.22~0.40	5.19
2020. 01. 09 목	3.80포인트	콜295	7.20배	0.05~0.41	3.80
2020. 02. 06 목	3.10포인트	콜297	3.17배	0.06~0.25	2.86
2020. 03. 03 화	5.60포인트	콜285	1.35배	0.23~0.54	8.99
2020. 03. 20 금	6.70포인트	콜227	15.27%	1.44~1.66	17.38
2020. 03. 25 수	5.05포인트	콜235	34.02%	0.97~1.30	10.59
2020. 03. 27 금	10.90포인트	콜252	1.61배	0.83~2.17	19.38
2020. 04. 17 금	4.80포인트	콜260	1.17배	0.45~0.98	8.16
2020. 05. 19 화	4.70포인트	콜267	5.75배	0.04~0.27	4.79

2020. 06. 04 목	3.75포인트	콜295	50.00%	0.22~0.33	3.66
2020. 06. 16 화	8.05포인트	콜282	3.19배	0.16~0.67	9.55
2020. 07. 15 수	3.15포인트	콜297	1.62배	0.13~0.34	3.96

② 하락 갭

일자	갭 크기	행사가	시세	전일종가~당일시가	전일등합
2020. 01. 28 화	3.80포인트	풋287	4.71배	0.07~0.40	4.79
2020. 02. 21 금	5.30포인트	풋277	3.25배	0.08~0.34	6.06
2020. 02. 24 월	5.70포인트	풋277	1.66배	0.38~1.01	6.27
2020. 02. 26 수	5.85포인트	풋275	2.32배	0.41~1.36	5.31
2020. 02. 28 금	4.20포인트	풋260	1.15배	0.71~1.59	4.32
2020. 03. 09 월	8.80포인트	풋235	2.43배	0.07~0.24	8.87
2020. 03. 13 금	18.25포인트	풋232	70.06%	3.04~5.17	16.59
2020. 03. 17 화	9.55포인트	풋220	80.64%	4.39~7.93	19.33
2020. 03. 23 월	17.20포인트	풋182	4.93배	0.59~3.50	25.76
2020. 05. 04 월	6.55포인트	풋240	94.87%	0.39~0.76	7.31
2020. 06. 12 금	8.30포인트	풋267	7.10배	0.20~1.62	7.92

위클리 옵션은 방향성, 변동성, 시간이 맞물려 움직이는 톱니바퀴이자 파동입니다. 일견, 난해하고 불규칙해 보이지만, 누적된 파동을 살피면 자기유사성을 지닌 프랙탈(Fractal) 구조임을 알 수 있습니다. 시간가치의 감소, 선물 흐름의 빠르기, 진폭, 0.10 미만대의 가격, 등합의 수준 등은 프랙탈 구조를 이루는 기본 요소로 옵션 가격에 큰 영향을 미칩니다. 그만큼 중요하기 때문에 책 곳곳에서 지루할 정도로 반복되어 나옵니다. 한자를 읽을 줄 안다고 한자를 쓸 수 있는 것은 아닙니다. 수도 없이 써봐야 합니다. 마찬가지로 기술적 분석을 이해한다고 해서 실전에 써먹을 수 있는 것은 아닙니다. 수없이 많은 시간을 트레이닝에 투자해야 자신만의 노하우가 만들어집니다. 어떠한 현상이 규칙적인 양상을 보이면 대응하기가 수월합니다. 나름대로 매뉴얼을 만들 수 있기 때문입니다.

누구나 천국에 가길 원하지만 아무도 죽길 원하지 않습니다. 천국은 죽어야 갈 수 있습니다. 그렇지만 죽기는 싫습니다. 이성과 본능 사이의 딜레마입니다. 이러한 딜레마는 위클리 옵션 거래에도 적용됩니다. 본능적으로 사람은 손실을 싫어합니다. 하지만 거래에서 수익을 내려면 손실을 감수해야 합니다. 이처럼 본능이라는 핸디캡이 있는 게임에서 승자가 되려면 충분한 트레이닝을 거쳐야 합니다. 성공한 트레이더 대부분이 치열한 트레이닝을 거쳤습니다.

맥주 캔을 심하게 흔들고 뚜껑을 따면 거품이 용솟음치고 거품의 양은 상상 이상입니다. 하지만 시간이 지나면 거품은 순식간에 사라집니다. 이 거품의 변화가 위클리 옵션의 시세입니다. 위클리 옵션의 시세는 반복되어 나옵니다. 시간가치로만 이루어진 외가 옵션의 프리는 선물의 진폭이 커지고 선물 속도가 빨라지면 프리가 빠르게 늘어나지만, 심한 고평가영역에 접어들면 이를 해소하는 구간이 발생합니다. 이것은 지금까지 반복되었고, 앞으로도 계속 반복할 것입니다. 프랙탈 구조이기 때문입니다. 이와 같은 반복적인 특성을 이용하면 매수와 매도의 적절한 타이밍을 포착할 수 있습니다. 그러면 이 시장은 화수분이 될 것이고, 이 책이 추구하는 목표에 부합됩니다.

본 책의 내용에 대해 의견이나 질문이 있으면
전화(02)333-3577, 이메일 dodreamedia@naver.com을 이용해주십시오.
의견을 적극 수렴하겠습니다.

차트를 알면 보이는
위클리 옵션

제1판 1쇄 | 2020년 11월 10일

지은이 | 지성환
펴낸이 | 손희식
펴낸곳 | 한국경제신문*i*
기획제작 | (주)두드림미디어
책임편집 | 배성분

주소 | 서울특별시 중구 청파로 463
기획출판팀 | 02-333-3577
영업마케팅팀 | 02-3604-595, 583 FAX | 02-3604-599
E-mail | dodreamedia@naver.com
등록 | 제 2-315(1967. 5. 15)

ISBN 978-89-475-4646-1 (03320)

Weekly option

한국경제신문 *i* 재테크 도서목록

한국경제신문i 재테크 도서 목록

가치 있는 콘텐츠와 사람
꿈꾸던 미래와 현재를 잇는 통로

Tel : 02-333-3577
E-mail : dodreamedia@naver.com

두드림미디어
경제 · 경영, 재테크, 자기계발, 실용서 전문 출판 임프린트

㈜두드림미디어 카페
https://cafe.naver.com/dodreamedia